SAN
FRANCISCO

D0785639

Libre Expression
QUEBECOR MEDIA

Gauche **San Francisco Museum of Modern Art** Droite **Les rouleaux du Pacifique**

Libre Expression
QUEBECOR MEDIA

DIRECTION
Cécile Boyer-Runge

DIRECTION ÉDITORIALE
Catherine Marquet

ÉDITION
Catherine Laussucq

TRADUIT ET ADAPTÉ DE L'ANGLAIS PAR
Dominique Brotot

AVEC LA COLLABORATION DE
Aurélie Pregliasco

MISE EN PAGES (PAO)
Maogani

Ce guide Top 10 a été établi par
Reid Ramblett et Jeffrey Kennedy

Publié pour la première fois aux États-Unis
en 2003 sous le titre : Eyewitness Top 10
Travel Guides : Top 10 San Francisco
© Dorling Kindersley Limited, London 2004
© Hachette Livre (Hachette Tourisme) pour
la traduction et l'édition française 2004
© Éditions Libre Expression, 2004, pour
l'édition française au Canada
Tous droits de traduction, d'adaptation et de
reproduction réservés pour tous pays.

IMPRIMÉ ET RELIÉ EN ITALIE PAR GRAPHICOM

Éditions Libre Expression
7, chemin Bates
Outremont (Québec)
H2V 4V7

Dépôt légal : 1er trimestre 2004
ISBN : 2-7648-0077-0

Le classement des différents sites
est un choix de l'éditeur et n'implique
ni leur qualité ni leur notoriété.

Sommaire

Aussi soigneusement qu'il ait été établi,
ce guide n'est pas à l'abri
des changements de dernière heure.
Faites-nous part de vos remarques,
informez-nous de vos découvertes
personnelles : nous accordons
la plus grande attention
au courrier de nos lecteurs.

Gauche **Vue depuis Nob Hill** Droite **Restaurant Enrico's, North Beach**

Visiter San Francisco

Mode d'emploi

Gauche **Golden Gate Bridge** Droite **Japanese Tea Garden du Golden Gate Park**

SAN FRANCISCO TOP 10

⚛10 À ne pas manquer à San Francisco

En dépit des séismes qui secouent parfois la cité, les San-Franciscains avouent qu'ils se comptent tout naturellement parmi les gens les plus heureux sur Terre. Dès les premiers jours, les visiteurs sont nombreux à partager leur point de vue. Les Européens, en particulier, apprécient l'ambiance qui règne dans cette ville aux dimensions humaines. La baie et ses collines offrent un cadre spectaculaire aux lumières magnifiques et aux couleurs intenses, tandis que les quartiers et leurs communautés possèdent une grande diversité culturelle.

Golden Gate Bridge **1**

Le célèbre symbole de San Francisco date de 1937 et reste le troisième plus long pont d'une seule travée du monde. Il enjambe l'entrée de la baie, baptisée la « Porte d'or », et relie la ville au Marin County *(p. 8-9).*

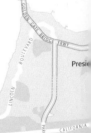

2 Cable cars

San Francisco est la dernière ville où des voitures à traction par câble continuent de remplir une fonction quotidienne. Elles sont aussi une attraction touristique *(p. 10-11).*

4 Alcatraz

Le « Rocher » servit de pénitencier fédéral pendant seulement 30 ans, mais garde un fort pouvoir d'évocation. La traversée en vedette jusqu'à l'île ajoute à l'intérêt offert par la visite des bâtiments de détention *(p. 14-17).*

3 Fisherman's Wharf

Le quai du Pêcheur est devenu un haut lieu touristique, apprécié notamment pour les sorties en famille. Il ménage une vue magnifique de la baie et abrite de nombreux restaurants de poissons et de fruits de mer *(p. 12-13).*

Abréviations : EP *Entrée payante* **EG** *Entrée gratuite*
C *Climatisation* **PC** *Pas de climatisation*

Chinatown
5 L'une des plus grandes communautés chinoises hors d'Asie offre un visage très exotique, mêlant l'Extrême-Orient et l'Occident *(p. 18-19)*.

Golden Gate Park
6 L'un des plus grands parcs publics du monde renferme trois musées, dont l'Académie des sciences *(p. 20-23)*.

Grace Cathedral
7 Cette majestueuse église épiscopale domine Nob Hill et abrite d'intéressantes œuvres d'art. Certains de ses vitraux rendent hommage à des personnalités emblématiques du XXe s. *(p. 24-25)*.

Map with locations:

Fort Mason Center
Marina District
Marina BLVD
BAY STREET
JEFFERSON ST
COLUMBUS AVE
Telegraph Hill **3**
LOMBARD STREET
Russian Hill
North Beach
BROADWAY
VAN NESS AVENUE
BROADWAY
esidio eights
Alta Plaza
Pacific Heights
Nob Hill **7**
5 Financial District
HYDE STREET
STOCKTON STREET
3RD STREET
CALIFORNIA ST
Japantown
GEARY STREET
2
8
Western Addition
Civic Center
South of Market
Hayes Valley
MARKET ST
8TH ST
MISSION ST
FULTON STREET
OAK STREET
FELL STREET
Haight Ashbury
Buena Vista Park
9
MARKET ST
DOLORES STREET
CASTRO ST
16TH ST
17TH STREET
DIVISADERO STREET
STEINER STREET
Twin Peaks
Castro

Inset regional map:
Sonoma **10** Napa
Novato **37** Vallejo
San Rafael **101**
Berkeley
1 SAN FRANCISCO
Oakland
0 km 30

San Francisco Museum of Modern Art
8 Deuxième musée d'art moderne des États-Unis après celui de New York, il possède une remarquable collection de peintures, de sculptures et de photographies. Il présente aussi des installations vidéo et numériques d'avant-garde *(p. 26-29)*.

Mission Dolores
9 Le bâtiment le plus ancien de la ville compte parmi les 21 missions établies par Junipero Serra au XVIIIe s. Elle est la seule à avoir gardé sa chapelle. Sa fondation précéda la déclaration d'Indépendance, faisant de San Francisco une ville plus ancienne que les États-Unis *(p. 30-31)*.

Wine Country
10 La région viticole au nord de San Francisco a acquis une telle réputation que des producteurs français, italiens et espagnols y ont créé des domaines. Elle mérite une visite d'au moins une journée. *(p. 32-35)*.

Abréviations : j.f. jour férié **t.l.j.** tous les jours
AH Accès handicapés **PAH** Pas d'accès handicapés

✪10 Golden Gate Bridge

En 1872, le magnat du chemin de fer Charles Crocker fut le premier à imaginer un pont enjambant l'entrée de la baie de San Francisco, que John Fremont avait baptisée la « Porte d'or » en 1844 (p. 39). Il fallut toutefois attendre 1921 pour qu'un ingénieur visionnaire, Joseph Strauss, propose un projet réaliste. De nombreuses voix s'élevèrent pour le déclarer impossible. Elles rappelaient la violence de l'océan et des courants de marée, la portée que devait franchir l'ouvrage d'art, le coût insurmontable d'une telle entreprise... Au bout de dix ans de controverses, A. P. Giannini, fondateur de la Bank of America (p. 39), en assura le finan- cement. Les travaux coûtèrent 35 millions de dollars. L'inauguration eut lieu le 28 mai 1937.

Marin Vista Point

🍴 Le dimanche, de nombreuses croisières au départ de l'Embarcadero Pier et de Sausalito permettent d'admirer le pont depuis la mer, tout en dégustant un brunch au champagne. Parmi les bons prestataires figurent Signature Yacht Events (415-788-9100, www.signatureyacht ssf.com) et The Hawaiian Chieftain (415-331-3214, www.hawaiian chieftain.com).

- Plan C1
- (415) 923-2000
- www.goldengate.org
- croisières d'avr. à nov.

À ne pas manquer

1 Style Déco
2 Entretien
3 Fort Point Lookout
4 Marin Vista Point
5 Apparitions au cinéma
6 Barrières protectrices
7 Construction
8 Célébrations
9 À pied et à vélo
10 Péage

1 Style Déco
Le pont doit son élégance aux architectes conseil Irving F. et Gertrude Morrow. Ils simplifièrent les garde- fous en leur donnant des montants uniformes suffisamment espacés pour dégager la vue.

2 Entretien
Des réparations doivent être effectuées en permanence. Une équipe entretient sans cesse la couche de peinture antirouille qui protège le métal.

3 Fort Point Lookout
Du côté de San Francisco, un fort de 1861 *(ci-dessous)* ménage un large panorama de l'ouvrage d'art d'une hauteur de 67 m, surplombant l'océan.

➡ *La peinture orange ne devait être, à l'origine, qu'une sous-couche antirouille.*

4 Marin Vista Point
En venant de San Francisco, quittez la route juste avant l'extrémité du pont afin de rejoindre ce point de vue spécialement aménagé pour contempler la cité et ses collines. Les jours de brume, le sommet des tours du Golden Gate Bridge est caché.

5 Apparitions au cinéma
De nombreux films ont pris le Golden Gate Bridge pour décor. Parmi les plus célèbres, *Sueurs froides* d'Alfred Hitchcock, dans lequel James Stewart arrache Kim Novak à un océan furieux, juste l'est de Fort Point (p. 53), et *Dangereusement vôtre*, où James Bond affronte Grace Jones dans les parties hautes du pont.

6 Barrières protectrices
Aucun site au monde n'attire davantage les candidats au suicide. Ces barrières ne suffisent pas à les dissuader, mais elles garantissent la sécurité des piétons.

7 Construction
Joseph Strauss innova en imposant aux ouvriers le port d'un casque, de lunettes de protection et d'un harnais de sécurité. Un filet tendu sous le pont sauva la vie de 19 d'entre eux.

8 Célébrations
Quelque 200 000 piétons participèrent à l'inauguration, le 28 mai 1937. Le 24 mai 1987, la commémoration du 50ᵉ anniversaire rassembla environ 300 000 personnes.

9 À pied et à vélo
Une visite de la ville ne saurait être complète sans franchir au moins une partie du pont à pied ou à bicyclette.

10 Péage
En 1937, passer le pont, dans un sens ou dans un autre, coûtait 50 cents par voiture (plus 5 cents au-delà de 3 passagers). Aujourd'hui, le péage (2,50 $) n'est perçu qu'en direction de la ville *(ci-dessous)*.

Quelques chiffres
Les deux câbles soutenant le tablier se composent d'une longueur de fil d'acier suffisante pour faire trois fois le tour de la Terre. Par sécurité, le Golden Gate Bridge serait cinq fois plus résistant que ne l'imposent les courants et le vent habituels. Sa construction dura un peu plus de 4 ans et, à son achèvement, il était le pont suspendu le plus long du monde (2,7 km, avec un enjambement de 1 280 m). Il reste le septième, et plus de 41 millions de véhicules l'empruntent tous les ans. Il est équipé de deux cornes de brume aux tonalités différentes et de balises clignotantes rouges. Depuis son inauguration, il n'a été fermé que trois fois à cause du vent.

Le trottoir du côté de la baie est ouvert aux piétons de 5 h à 21 h, mais fermé aux patins et aux planches à roulettes.

TOP 10 Cable cars

Témoins d'une autre époque, les charmantes voitures en bois qui escaladent et dévalent les collines de San Francisco en brinquebalant ont bien failli disparaître en 1947, quand un maire « progressiste » annonça que le moment était venu pour elles de céder la place à des bus. Entraînés par Mrs Friedell Klussman, les citoyens se mobilisèrent et remportèrent définivement la victoire en 1964, lorsque l'ensemble du système acquit le statut de National Historic Landmark. Il ne comprend toutefois plus que trois lignes – contre huit en 1889 – d'une longueur totale de 19 km, empruntées par une quarantaine de voitures. Au début des années 1980, la rénovation de l'ensemble du réseau, y compris du dépôt central abritant les moteurs, a coûté 60 millions de dollars.

Voie de cable car

⏺ Plutôt que de faire la queue au terminus, avancez-vous d'un arrêt ou deux pour pouvoir monter en marche... Puis accrochez-vous bien !

Le ticket de 2 $ ne donne droit qu'à un trajet, dans une seule direction et sans correspondance. Envisagez d'acheter un Citypass ou un Muni Passport (p. 134).

• Cable Car Museum : 1201 Mason St, sur Washington St ; plan M3 ; (415) 474-1887 ; www.cablecar museum.com ; ouv. avr.-sept. : t.l.j. 10h-18h ; oct.-mars : t.l.j. 10h-17h ; EP.

À ne pas manquer

1 Voitures
2 Cloche
3 *Gripman*
4 Receveur
5 Câbles
6 Freinage
7 Cable Car Museum
8 Placement
9 Plaques tournantes
10 Lignes

1 Voitures
Il existe deux sortes de *cable cars*, certains possédant un système de retournement et d'autres non. Les aménagements restent en bois et en laiton, comme au XIXᵉ s.

2 Cloche
Le *gripman* l'utilise pour avertir de ses manœuvres les autres véhicules et les piétons. Ces tintements, tous personnalisés, sont caractéristiques du paysage sonore de San Francisco.

3 Gripman
Le *gripman* doit faire preuve de force et de réflexes. Il a la charge du freinage et du levier commandant les mâchoires qui pincent le câble, pour qu'il entraîne la voiture à une vitesse de 15 km/h.

➜ *Chaque gripman fait sonner la cloche selon ses propres rythmes. Un concours a lieu en juillet sur Union Square.*

4 Receveur
Il vend les tickets, mais vérifie également que les passagers sont en sécurité et laissent assez d'espace au *gripman*.

5 Câbles
Formant une boucle sous la chaussée, ils ont un diamètre de 3 cm. Six torons, chacun de 19 fils d'acier, entourent une corde dont la souplesse absorbe les chocs.

9 Plaques tournantes
Aux terminus, le *gripman* et le receveur doivent faire pivoter la voiture pour le retour. C'est à Powell Street et Market Street qu'on peut le mieux les regarder faire.

10 Lignes
Les trois lignes desservent les quartiers de Financial District, Nob Hill *(ci-dessous)*, Chinatown, North Beach, Russian Hill et Fisherman's Wharf. Pour les visiteurs comme pour les San-Franciscains, prendre un *cable car* pour se déplacer permet de joindre l'utile à l'agréable.

Cable cars et trolleybus
Le fabricant de câbles Andrew Hallidie testa son premier *cable car* le 2 août 1873. Le système s'inspirait d'installations minières. Il connut un succès immédiat et suscita des imitations dans plus d'une douzaine de villes. Toutefois, 20 ans plus tard, il faillit être remplacé par des trolleybus. Le rejet des câbles aériens, la corruption qui régnait à la mairie puis le séisme de 1906 lui évitèrent finalement la disparition. Il resta utilisé pour les rues les plus pentues, tandis que le trolleybus assurait les dessertes plus longues.

6 Freinage
Il prend trois formes. Des semelles de métal, actionnées par une pédale, appuient sur les roues. Le levier du *gripman* presse des patins sur les rails. Le frein d'urgence enfonce un coin métallique dans la rainure du rail.

8 Placement
Les passagers peuvent s'installer dans un compartiment vitré, s'asseoir à l'extérieur sur des banquettes en bois ou rester debout sur les marchepieds en s'accrochant aux barres prévues à cet effet, un moyen très amusant de sillonner la ville.

Cable Car Museum 7
Il abrite des voitures anciennes. On peut descendre en dessous du niveau de la rue pour regarder tourner sans fin les grandes roues qui entraînent les câbles.

 L'usure impose de remplacer les câbles tous les deux ou trois mois. Ils coûtent 20 000 $ pièce.

🔟 Fisherman's Wharf

L'ancienne zone portuaire de San Francisco a changé de vocation en devenant l'un des pôles attractifs de la ville. Il reste néanmoins plaisant d'échapper à la foule, muni d'un cocktail de crabe à emporter et d'un morceau de pain au levain, pour aller contempler les derniers bateaux de pêche qui viennent décharger leurs prises. On peut également en profiter pour acheter quelques souvenirs du séjour.

Au Fisherman's Wharf

🍴 **Essayez le restaurant de poisson Scoma's, une des institutions du Wharf (Pier 47 et Alcona Way ; 415 771-4383).**

- Plan J3
- San Francisco Maritime Museum : 900 Beach St ; (415) 561-7100 ; www.maritime. org ; ouv. t.l.j. 10h-17h ; contribution
- USS Pampanito : Pier 45 Jefferson St ; (415) 775-1943 ; www. maritime.org ; ouv. juin-sept. : t.l.j. 9h-20h ; oct.-mai : dim.-jeu. 9h-18h, ven.-sam. 9h-20h ; EP : 8 $
- Ripley's Believe It Or Not ! : 175 Jefferson St ; (415) 771-6188 ; www. ripleysf.com ; ouv. mi-juin-Labor Day (1er mai) : dim.-jeu. 9h-23h, ven. 9h-minuit ; EP : 10,95 $
- Wax Museum : 145 Jefferson St ; (415) 202-0402 ; ouv. t.l.j., tél. pour les horaires ; EP : 12,95 $
- Aquarium of the Bay : Embarcadero ; www. aquariumofthebay.com ; ouv. juin-août : t.l.j. 9h-20h ; sept.-mai : lun.-ven. 10h-18h, sam.-dim. 10h-19h ; EP : 12,95 $.

À ne pas manquer

1. Ghirardelli Square
2. San Francisco Maritime Museum
3. The Cannery
4. Pier 39
5. USS *Pampanito*
6. Fisherman's and Seaman's Memorial Chapel
7. Fish Alley
8. Aquarium of the Bay
9. Boudin Bakery
10. Ripley's Believe it or Not ! et Wax Museum

1 Ghirardelli Square
La chocolaterie dirigée par la famille Ghirardelli de 1859 à 1962 *(ci-dessous)* abrite des boutiques et des restaurants *(p. 96-97)*.

2 San Francisco Maritime Museum
Maquettes, instruments, peintures et documents retracent l'histoire navale de la région.

3 The Cannery
Cette ancienne conserverie de fruits renferme désormais des restaurants et des boutiques de mode et de souvenirs.

4 Pier 39
Réhabilité en 1978, le quai 39 *(ci-dessous)*, jadis utilisé pour le déchargement de marchandises, comprend deux niveaux d'éventaires, de magasins et de restaurants, autour d'une vaste promenade centrale où se dresse un manège de chevaux de bois.

➡ *Ne manquez pas la colonie d'otaries qui se prélasse près des quais, juste à l'ouest du Pier 39.*

USS Pampanito
Pendant la Seconde Guerre mondiale, ce sous-marin coula six navires ennemis, et en endommagea quatre autres. La visite offre un aperçu de la vie à bord.

Plan de Fisherman's Wharf

Boudin Bakery
C'est le siège d'une chaîne de boulangeries réputée, à San Francisco, pour son pain au levain (sourdough bread). Son fondateur, le Français Isidore Boudin, arriva lors de la ruée vers l'or.

Ripley's Believe It Or Not ! et Wax Museum
Ces deux musées de Jefferson St proposent, l'un une exposition d'objets insolites, l'autre des mannequins de cire à l'effigie de personnages célèbres.

Fisherman's and Seaman's Memorial Chapel
Dédiée aux pêcheurs et aux marins, cette petite chapelle multiconfessionnelle en bois date de 1980.

Fish Alley
Ce passage constitue sans doute l'unique vestige de l'ancien port. Des bateaux de pêche de couleurs vives continuent d'y accoster. On peut assister au déchargement des prises et à leur préparation pour la vente.

Aquarium of the Bay
Un tunnel transparent plonge au cœur de l'habitat aquatique de la baie de San Francisco. Des milliers de créatures marines s'ébattent sous vos yeux. Des documents audiovisuels et des spécialistes aident à mieux comprendre le spectacle ainsi découvert.

Le port de San Francisco

Le premier quai, édifié ici en 1853, devint le pôle des activités maritimes de la ville, y compris la construction navale. Des marins génois et siciliens fondèrent l'industrie de la pêche, et la plupart des restaurants du Wharf portent toujours des noms italiens. Les progrès technologiques entraînèrent toutefois une exploitation excessive de la baie, qui ne permet plus aujourd'hui qu'une pêche artisanale.

TOP 10 Alcatraz

Les détenus enfermés sur cette île-prison entre 1934 et 1963 enduraient une véritable torture psychologique. Ils se retrouvaient au cœur de l'un des ports les plus actifs des États-Unis, où une nuée de petites embarcations circulait entre San Francisco, Oakland, Berkeley et Sausalito. Ils entendaient vraisemblablement le flot de voitures empruntant les ponts en klaxonnant et assistaient enfin au spectacle des paquebots qui franchissaient la Porte d'or pour des destinations lointaines. Tout leur rappelait que la vie était proche... Et la liberté inaccessible.

Alcatraz Island vue de San Francisco

🍴 On peut pique-niquer sur le quai, mais il faut apporter son repas car le centre d'accueil ne vend que de l'eau.

🔄 Prévoyez des vêtements chauds, car un vent cinglant balaie souvent l'île. Mieux vaut avoir de bonnes chaussures sur les sentiers.

La cassette audio, disponible en français, comme la visite guidée par un ranger, justifient le supplément de quelques dollars.

• Vedettes de la Blue and Gold Fleet depuis le Pier 41 : (415) 705-5555 (billets et horaires)
• www.nps.gov/alcatraz
• ouv. t.l.j.
• EP : 13,25 $ (visite en journée) ; 20,75 $ (visite en soirée).

À ne pas manquer

1 Phare
2 Bloc des cellules
3 Cour
4 Salle de contrôle
5 Bloc D
6 Salle à manger
7 Chapelle
8 Broadway
9 Visitor Center
10 Warden's House

1 Phare
Construit en 1854, le premier phare de la Côte Ouest se dressait sur l'île d'Alcatraz. Remplacé et automatisé en 1909, il surplombe le bloc des cellules du pénitencier.

2 Bloc des cellules
Bâti en 1911 par des prisonniers militaires, le bâtiment de détention, qui fut un temps le plus grand édifice en béton armé du monde, comprenait quatre blocs de cellules. Celles-ci étaient au nombre de 390, mais la population carcérale resta en moyenne de 260 détenus.

3 Cour
Les prisonniers étaient soumis à une interdiction absolue de parler. Par leur bonne conduite, certains parvenaient à obtenir le droit de venir faire quelques pas dans la cour. Ils pouvaient ainsi quitter leur cellule, où ils passaient de 16 h à 23 h par jour, pour se retrouver enfin à l'air libre.

On ne peut visiter Alcatraz que dans le cadre d'une visite guidée réservée auprès d'une société assurant des dessertes en bateau.

Salle de contrôle
4 Depuis ce local, construit pour résister à un éventuel siège, les gardiens commandaient le système de sécurité électrique. Dans le parloir contigu, une épaisse vitre séparait les prisonniers de leurs visiteurs. Les conversations se tenaient au téléphone.

Bloc D
5 Tout détenu enfreignant le règlement très strict du pénitencier partait pour le bloc D et l'une de ses 42 cellules d'isolement, plongées dans l'obscurité.

Visitor Center
9 Le centre d'accueil occupe une ancienne caserne située derrière le débarcadère *(ci-dessous)*. Il abrite une librairie, une exposition et un comptoir de renseignement. Une présentation multimédia retrace l'histoire de l'île d'Alcatraz.

Warden's House
10 Bâtie dans le style Mission Revival, la résidence du directeur possédait 17 pièces spacieuses et offrait un large panorama du Golden Gate Bridge et de San Francisco. Un incendie l'a ravagée en 1970.

Salle à manger
6 Les repas étaient l'un des rares plaisirs des prisonniers, qui étaient en général bien nourris pour éviter les révoltes. Remarquez l'exemple de menu à l'entrée de la cuisine.

Chapelle
7 Construite dans les années 1920 au-dessus du poste de garde, la chapelle militaire *(ci-dessus)*, de style Mission Revival, servit aussi d'école et de quartier d'habitation. Quand la prison devint civile, on y logea le personnel du pénitencier.

Broadway
8 Par ironie, les prisonniers avaient donné au couloir séparant les blocs C et D le nom de l'avenue new-yorkaise, célèbre pour sa vie nocturne. Ils avaient baptisé le dernier croisement « Times Square ».

Histoire du « Rocher »
Le nom « Alcatraz » dérive du mot *alcatraces*, qui signifie « pélicans » en espagnol. L'île le doit à l'explorateur Juan Manuel de Ayala qui pénétra dans la baie en 1775. En 1850, un ordre présidentiel réserva ce site privilégié pour la construction d'un fort. Ce dernier fut transformé en prison militaire en 1909. En 1933, le gouvernement fédéral décida d'ouvrir un pénitencier de haute sécurité sur ce rocher cerné par l'océan. Disposant de cellules individuelles, les prisonniers n'y subissaient pas les conditions de détention les plus dures.

Gauche **Al Capone** Droite **Scène du film** *L'Évadé d'Alcatraz*

Histoires du Rocher

1 Robert « Birdman » Stroud

Bien qu'il ne fût pas autorisé à continuer leur étude à Alcatraz, Robert Stroud fut surnommé l'«homme aux oiseaux » et passa 17 ans de détention en isolement, du fait de son caractère violent.

2 Le Prisonnier d'Alcatraz

Ce film de 1962 embellissait le personnage de Stroud en le présentant comme un doux amoureux de la nature.

3 Al Capone

Le célèbre gangster faisait partie du premier contingent « officiel » de prisonniers en 1934. Il fut traité comme tous les autres détenus.

4 George « Machine Gun » Kelly

Condamné à perpétuité en 1933 pour enlèvement, George « Mitraillette » Kelly passa 17 ans à Alcatraz, où il fut, selon le directeur, un détenu modèle.

Robert « Birdman » Stroud

5 Alvin « Creepy » Karpis

Entre 1931 et 1936, sa carrière de voleur valut à Alvin « Malsain » Karpis le titre d'ennemi public numéro 1. Il resta à Alcatraz de 1936 à 1962, et se suicida en 1979.

6 Morton Sobell

Condamné pour conspiration dans le cadre de la chasse aux sorcières orchestrée par le directeur du F.B.I., J. Edgar Hoover, Sobell arriva à Alcatraz en 1952 et en devint le plus célèbre prisonnier politique. Il y resta cinq ans, puis retourna vivre à San Francisco où il habite toujours.

7 Les frères Anglin

Les frères John et Clarence Anglin sont, avec Frank Morris, les seuls détenus à avoir réussi à s'échapper du Rocher.

8 L'Évadé d'Alcatraz

Clint Eastwood incarne l'un des frères Anglin dans ce film de 1979. Si leur aventure est romancée, la description de la vie quotidienne serait exacte.

9 Frank Wathernam

Le dernier prisonnier quitta Alcatraz le 21 mars 1963.

10 Rock

Alcatraz n'a jamais cessé de fasciner Hollywood, comme l'a de nouveau prouvé, en 1997, ce film d'action de Michael Bay avec Sean Connery et Nicholas Cage.

Tentatives d'évasion

1. Décembre 1937 : Theodore Cole et Ralph Roe
2. Mai 1938 : James Limerick, Jimmy Lucas et Rufus Franklin
3. Janvier 1939 : Arthur « Doc » Barker, Dale Stamphill, William Martin, Henry Young et Rufus McCain
4. Mai 1941 : Joe Cretzer, Sam Shockley, Arnold Kyle et Lloyd Barkdoll
5. Avril 1943 : James Boarman, Harold Brest, Floyd Hamilton et Fred Hunter
6. Juillet 1945 : John Giles
7. Mai 1946 : Bernard Coy, Joe Cretzer, Marvin Hubbard, Sam Shockley, Miran Thompson et Clarence Carnes
8. Septembre 1958 : Aaron Burgett et Clyde Johnson
9. Juin 1962 : Frank Morris et les frères John et Clarence Anglin
10. Décembre 1962 : John Paul Scott et Darl Parker

Occupation indienne d'Alcatraz

En 1969, le militant Richard Oakes et 90 membres de plusieurs tribus indiennes débarquèrent sur Alcatraz et exigèrent de pouvoir l'acheter pour 24 $ de perles et de tissu rouge, le prix payé, d'après eux, à leur peuple 300 ans plus tôt pour l'achat d'une île d'une dimension équivalente. Les autorités renoncèrent à évacuer de force les occupants que soutenait l'opinion publique, mais les négociations s'enlisèrent. En janvier 1970, la plus jeune fille de Oakes se tua en tombant d'un escalier d'une hauteur de trois étages. Profondément éprouvé, ce dernier décida de renoncer et partit avec ses proches. 60 Indiens restèrent, mais le découragement les gagna peu à peu, et ils n'étaient plus que 15 en juin 1970, quand des incendies ravagèrent la maison du directeur, la salle de détente, le club des officiers et le phare. Les forces gouvernementales finirent par lancer l'assaut le 6 juin 1971 après 19 mois d'occupation. Bien qu'elle n'ait pas atteint son but premier, elle a donné naissance à un mouvement politique toujours existant.

Fête de la libération
Les occupants de l'île organisèrent des manifestations symboliques, comme cette célébration du 31 mai 1970.

Tipi dressé sur Alcatraz pendant l'occupation indienne

⁞10 Chinatown

Avec ses façades multicolores, ses temples exotiques et ses marchés bruyants, ce quartier densément peuplé et très animé possède une atmosphère qui n'est pas sans rappeler la Chine méridionale. L'architecture, le mode de vie et les célébrations y conservent néanmoins un caractère typiquement américain. Un séjour à San Francisco se doit de comporter la visite de Chinatown, mais mieux vaut s'accorder le temps d'échapper aux grandes artères touristiques pour flâner au gré des petites rues.

Store coloré d'une boutique de Chinatown

🚫 **N'entrez pas en voiture dans Chinatown, prenez plutôt un *cable car* : les trois lignes desservent le quartier (p. 11).**

🍴 **Le Tommy Toy's compte parmi les meilleurs restaurants chinois (p. 91).**

- Plan N4
- *Golden Gate Fortune Cookies Company* : 56 Ross Alley ; plan M4
- *Old Chinese Telephone Exchange* : Bank of Canton, 743 Washington St ; plan M4
- *Tin How Temple* : 125 Waverly Place, dernier étage ; plan N4 ; ouv. t.l.j. 9h-16h
- *Chinese Six Companies* : 843 Stockton St ; plan N4
- *Chinese Historical Society of America Museum et Learning Center* : 965 Clay St ; plan N5 ; www.chsa.org
- *Chinese Culture Center* : Holiday Inn, 750 Kearny St, 3ᵉ étage ; plan M5 ; 986-1822 ; www.c-c-c.org

À ne pas manquer

1. Chinatown Gate
2. Portsmouth Square
3. Golden Gate Fortune Cookies Company
4. Old Chinese Telephone Exchange
5. Temples
6. Marchés de Stockton Street
7. Chinese Six Companies
8. Chinese Historical Society of America Museum et Learning Center
9. Chinese Culture Center
10. St Mary's Square

1 Chinatown Gate

Tai-Wan fit don des matériaux de ce portail inauguré en 1970. Il s'inspire des entrées cérémonielles des villages chinois.

2 Portsmouth Square

Des joueurs de cartes et de mah-jong se retrouvent sur l'ancienne grand-place du village de Yerba Buena, où le drapeau américain se leva pour la première fois sur la baie le 9 juillet 1846, quand le port fut pris au Mexique.

3 Golden Gate Fortune Cookies Company

Vous pourrez assister ici à la fabrication de *fortune cookies*, ces très populaires biscuits « chinois » contenant une devise ou une prédiction. Ils ont été inventés à San Francisco.

➡ *Les meilleurs antiquaires du quartier se trouvent sur Grant Avenue, juste après avoir franchi le Chinatown Gate.*

4 Old Chinese Telephone Exchange

La Bank of Canton occupe aujourd'hui l'ancien central téléphonique. Évoquant une pagode, c'est le bâtiment d'inspiration chinoise le plus notable du quartier.

6 Marchés de Stockton Street

Les habitants du quartier y viennent faire leur courses aux étals colorés et odorants qui débordent sur les trottoirs.

Plan de Chinatown

9 Chinese Culture Center

Le centre culturel chinois dispose d'une galerie d'art et d'une boutique d'artisanat proposant les œuvres de créateurs chinois et sino-américains.

10 St Mary's Square

Au centre se dresse une statue de Sun Yat-Sen *(ci-dessous)*, fondateur du Guomindang, réalisée par le San-Franciscain Beniamino Bufano.

5 Temples

Chinatown abrite plusieurs temples associant des éléments confucéens, taoïstes et bouddhistes. Fondé par des marins, le Tin How Temple *(ci-dessous)* est dédié à la reine du ciel.

7 Chinese Six Companies

Le siège de cette institution fondée en 1882 pour promouvoir les intérêts chinois au sein de la communauté possède une façade très ouvragée.

8 Chinese Historical Society of America Museum et Learning Center

La Société historique chinoise vient d'installer dans de nouveaux locaux sa collection de 15 000 pièces, illustrant l'histoire et la vie quotidienne de la communauté sino-américaine.

La ruée vers l'or cantonaise

Les premiers immigrants chinois arrivèrent en Californie au moment de la ruée vers l'or, dans l'espoir de faire fortune rapidement et de rentrer en héros auprès des leurs. En dépit des mesures racistes prises à leur encontre, bon nombre d'entre eux finirent par rester, notamment à cause de troubles agitant leur pays. Chinatown, où régnait la misère, devint célèbre pour ses fumeries d'opium et ses maisons de jeu.

Le Chinese Culture Center parraine des conférences, des séminaires et des promenades guidées.

TOP 10 Golden Gate Park

Chaque week-end, les San-Franciscains se retrouvent par centaines au parc de la Porte d'or pour se promener, ou simplement se distraire. Il se prête à de très nombreuses activités de plein air, comme la course à pied, la bicyclette, le golf, le tennis, le baseball, le football, la pêche et le canotage. La plus ancienne aire de jeux pour enfants des U.S.A. y renferme le Herschel-Spillman Carousel, un manège datant de 1912 (p. 59). On s'y rend même par temps de pluie, pour visiter le Museum d'histoire naturelle de la California Academy of Sciences, assister à un spectacle du Morrison Planetarium ou s'émerveiller devant les créatures marines du Steinhart Aquarium (p. 22-23).

Entrée du Shakespeare Garden

🕧 Le McLaren Lodge, ancien logement du chef jardinier, abrite un centre d'accueil où vous pourrez vous renseigner et vous procurer un plan. (501 Stanyan St, ouv. lun.-ven. 8h-17h).

- Entrées sur Fulton St, Lincoln Way, Stanyan St et la Great Hwy
- plan D4
- (415) 831-2700
- www.parks.sfgov.org
- ouv. t.l.j. du lever au coucher du soleil
- EG
- Japanese Tea Garden : Hagiwara Tea Garden Drive ; ouv. avr.-oct. : t.l.j. 9h-18h ; nov.-mars : t.l.j. 8h30-17h30 ; EP : 3,50 $
- Strybing Arboretum et Botanical Gardens : 9th Ave, sur Lincoln Way ; ouv. lun.-ven. 8h-16h30, sam.-dim 10h-17h ; contribution
- California Academy of Sciences : Music Concourse ; ouv. t.l.j. 10h-17h ; EP : 8 $, planétarium 2, 50 $ de supplément.

À ne pas manquer

1. Hippie Hill
2. Victorian Conservatory of Flowers
3. Giant Tree Fern Grove et John McLaren Rhododendron Dell
4. Music Concourse
5. Japanese Tea Garden
6. Shakespeare Garden
7. Strybing Arboretum et Botanical Gardens
8. Stow Lake et Strawberry Hill
9. Buffalo Paddock
10. Dutch Windmill et Queen Wilhelmina Tulip Garden

Hippie Hill
Cette hauteur, proche de Haight-Ashbury, doit son nom aux hippies qui s'y retrouvaient dans les années 1960.

Victorian Conservatory of Flowers
Le plus ancien édifice du parc *(ci-dessous)* date de 1879. Il renferme plus de 20 000 plantes rares et exotiques.

Giant Tree Fern Grove et John McLaren Rhododendron Dell
En traversant le « bosquet des fougères arborescentes géantes » dont les immenses frondes enserrent un petit étang, on croirait s'aventurer dans une forêt primitive. Non loin à l'ouest, le « vallon des rhododendrons » contient 850 variétés de ces fleurs.

→ *Autres parcs et jardins p. 48-49*

Plan du Golden Gate Park

4 Music Concourse

Le pôle de la partie la plus aménagée du parc accueille des concerts gratuits de dimanche, et des manifestations parrainées par le San Francisco Opera *(p. 56)*.

5 Japanese Tea Garden

Le « jardin de thé japonais » *(ci-dessus)* offre un charmant cadre de promenade avec ses massifs joliment taillés.

6 Shakespeare Garden

Cet agréable jardin anglais abrite les quelque 200 plantes évoquées dans les pièces et poèmes de Shakespeare. Des plaques de bronze portent des citations.

7 Strybing Arboretum et Botanical Gardens

Cette vaste zone renferme plus de 7 000 espèces végétales originaires de régions du monde possédant le même climat que San Francisco. Certaines sont regroupées par jardins, tel le Biblical Garden.

8 Stow Lake et Strawberry Hill

La création d'un lac artificiel a transformé le sommet du Strawberry Hill en île. Taipei, ville jumelée avec San Francisco, offrit en 1981 le pavillon qui s'y dresse. On peut canoter sur le plan d'eau.

9 Buffalo Paddock

Un nouveau troupeau de bisons occupe depuis 1984 l'enclos créé en 1902 pour protéger cette espèce alors menacée d'extinction *(à gauche)*.

10 Dutch Windmill et Queen Wilhelmina Tulip Garden

Don de la reine Wilhelmine des Pays-Bas en 1902, ce moulin à vent, restauré en 1981, servait à pomper de l'eau d'irrigation. Il domine un jardin de tulipes splendide au printemps.

Une merveilleuse réussite

Long de 5 km, le parc possède une superficie de plus de 400 ha. 43 km de sentiers serpentent parmi ses jardins, ses lacs et ses forêts. À l'origine, des dunes couvraient pourtant ce terrain. William Hammond Hall dessina l'espace vert, mais c'est son successeur, John McLaren, nommé au poste d'administrateur en 1887, qui lui donna son aspect actuel. Né en Écosse en 1846, il consacra plus de la moitié de sa vie, jusqu'à sa mort en 1943, au Golden Gate Park. Il réussit à acclimater de nombreuses plantes malgré les brumes et la pauvreté du sol.

Le Garden of Fragrance (jardin des senteurs) du Strybing Arboretum est spécifiquement conçu pour les mal-voyants.

Gauche **Façade de la California Academy of Sciences** Droite **Fish Roundabout**

📷10 California Academy of Sciences

1 Steinhart Aquarium
165 bassins et aquariums présentent les interactions entre plus de 6 000 animaux aquatiques : des mammifères et des poissons, mais aussi des mollusques et des amphibiens. Certains sont très étranges, comme le pterois, et d'autres très redoutés, tel le piranha.

2 Fish Roundabout
Au centre d'un bassin de plus de 60 m de circonférence, 36 grandes baies vitrées permettent d'observer les évolutions d'espèces marines comme le barracuda, le thon et le maquereau.

3 Touch Tidepool
Ici, les adultes comme les enfants peuvent manipuler la faune des flaques laissées par la marée, comme les bernard-l'ermite ou les étoiles et limaces de mer. Des bénévoles vous informent sur ces créatures et veillent sur leur sécurité. Les horaires varient, car elles ont besoin de périodes de calme bien méritées.

4 Repas des pingouins
Les pingouins aux pattes noires prennent deux repas quotidiens, à 11 h 30 et à 16 h. Ce spectacle est toujours très apprécié des familles. Si ces animaux sont assez gauches sur la terre ferme, ils sont en revanche très gracieux lorsqu'ils plongent et glissent dans l'eau pour attraper leur nourriture.

5 Natural History Museum
Le museum d'Histoire naturelle propose des présentations multimédia, d'excellents dioramas d'animaux dans leurs habitats naturels et des expositions de fossiles et de minéraux. Une salle est consacrée aux insectes.

6 Life Through Time
L'exposition intitulée « La vie à travers le temps » utilise des moyens variés pour retracer 3,5 milliards d'années d'évolution. Des présentations interactives, sur ordinateur, montrent ainsi l'effet de la sélection naturelle sur certaines espèces, tandis que des modèles grandeur nature de dinosaures et des squelettes reconstitués composent des tableaux spectaculaires.

Touch Tidepool

De 2004 à 2008, le musée sera rénové et temporairement déplacé au 875 Howard St. Consulter le site www.calacademy.org

7 Earthquake !

Ce département est consacré aux tremblements de terre, un phénomène naturel que les San-Franciscains ne connaissent que trop bien. Il a pour principale attraction un simulateur, qui donne vraiment l'impression de vivre une secousse tellurique.

Plan de la California Academy of Sciences

Les documents audiovisuels comprennent des témoignages de survivants et des reportages. L'exposition fournit aussi des informations sur les précautions à prendre pour se protéger des séismes *(p. 139)*.

8 Wild California

De splendides dioramas reconstituent plusieurs écosystèmes propres à la Californie, depuis un îlot rocheux peuplé d'éléphants de mer jusqu'à quelques gouttes d'eau de mer grossies 200 fois au microscope, en passant par un flanc de montagne dans la Sierra Nevada au moment des premières neiges, ou la faune peuplant une poignée de varech.

9 African Hall

Des dioramas des années 1930 montrent girafes et lions dans leur environnement naturel. La visite finit par la reconstitution d'un trou d'eau de la savane d'Afrique de l'Est. Une bande enregistrée fait revivre en 17 minutes une journée des animaux et des oiseaux qui le fréquentent.

10 Morrison Planetarium

Offrez-vous la visite guidée d'un ciel nocturne tel que vous n'en avez jamais vu. Elle vous entraînera aux confins de l'univers. Les projection ont lieu à 14 h du lundi au vendredi, et toutes les heures entre midi et 16 h le week-end.

Diorama d'Earthquake !

⑩ Grace Cathedral

Inspirée de Notre-Dame de Paris, la troisième plus grande église épiscopale des États-Unis se dresse sur Nob Hill, à l'emplacement de la demeure de Charles Crocker, détruite lors du tremblement de terre de 1906. Les premiers travaux commencèrent en 1910, mais le sanctuaire ne fut achevé qu'en 1964. Malgré son apparence gothique, elle possède une armature antisismique en acier et en béton. À l'intérieur, la lumière colorée par les vitraux joue sur un parement de marbre. La nuit, un éclairage met en valeur la grande rosace de la façade.

Façade

⊙ La partie nord de l'enceinte de la cathédrale abrite un café et une boutique.

⊘ Essayez de faire coïncider votre visite avec l'office du soir, au moment où l'éclairage est le plus spectaculaire. Il a lieu en général à 17h15.

• 1100 California St
• plan N3
• (415) 749-6300
• www.gracecathedral.org
• ouv. lun.-ven. et dim. 7h-18h, sam. 8h-18h
• EG.

À ne pas manquer

1 Carillon Tower
2 Rosace
3 Chapel of Grace
4 Doors of Paradise
5 Vitrail du Nouveau Testament
6 Vitraux du XXᵉ s.
7 Retable de Keith Haring
8 Orgue
9 Labyrinthe
10 Labyrinthe et statue de saint François d'Assise

Carillon Tower
La tour du carillon renferme 44 cloches fondues en Grande-Bretagne en 1938, dont la plus grosse des États-Unis de style européen. Certaines portent des noms évocateurs, comme « Joie du monde ».

Rosace
Ce vitrail de 8 m de diamètre en verre à facettes illustre les thèmes du *Cantique du soleil*, un célèbre poème composé par saint François d'Assise.

Chapel of Grace
Comme le montre la photo ci-dessus, la première chapelle achevée dans l'église, en 1930, doit beaucoup à la Sainte-Chapelle de Paris. Elle abrite un mobilier d'origines et d'époques diverses, dont un maître-autel français en pierre du Moyen Âge, un crucifix allemand du XVIIᵉ s. et un pupitre gothique anglais. Le peintre de la Renaissance Giovanni Bellini a inspiré le tableau de la Vierge à l'Enfant.

 La Chapel of Grace accueille des offices quotidiens et des mariages. 120 personnes peuvent y prendre place.

Portes du Paradis
4 Des moulages des panneaux du baptistère de Florence ornent les vantaux de l'entrée. Ils illustrent dix épisodes de l'Ancien Testament, en commençant, en haut et à gauche, par Adam et Ève chassés du Paradis.

Retable de Keith Haring
7 L'AIDS Interfaith Memorial Chapel abrite un retable en bronze et en or blanc *(ci-dessous)*, achevé par l'artiste new-yorkais Keith Haring, peu de temps avant qu'il ne meure du sida. Un être de compassion étend ses multiples bras en haut du panneau central, tandis que des âmes ailées prennent leur envol sur les volets latéraux.

Vitrail du Nouveau Testament
5 Il a pour thème la fraternité et l'Église. Ses disciples entourent un Christ bienveillant.

Vitraux du XXᵉ s.
6 Consacrés aux accomplissements humains, ils montrent, entre autres, Albert Einstein et John Glenn, le premier Américain envoyé dans l'espace.

Orgue
8 Monumental, il date de 1934. Sur les volets sculptés du buffet anglais sont représentés des anges musiciens, des oiseaux et des dragons, ainsi que les instruments de la Passion du Christ, sur la partie inférieure.

Labyrinthe
9 L'Interfaith Outdoor Labyrinth est une réplique en plein air du labyrinthe de la cathédrale de Chartres. Il figure le parcours de l'homme vers la Jérusalem céleste. Les pèlerins le suivaient à genoux.

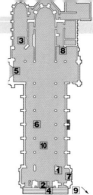

Plan de Grace Cathedral

Labyrinthe et statue de saint François d'Assise
10 Un deuxième labyrinthe s'étend après l'entrée. L'artiste san-franciscain Beniamino Bufano (1898-1970) sculpta la sobre effigie de saint François d'Assise *(ci-dessus)*.

Nob Hill
« *Nob* » faisait partie des surnoms les plus aimables réservés aux hommes d'affaires peu scrupuleux, qui construisaient leurs demeures sur la plus haute colline de San Francisco *(p. 83)*. Les avis diffèrent sur l'origine du terme, contraction de « *nabob* « (nabab) pour certains et de « *snob* » pour d'autres. La majorité des maisons brûlèrent lors du séisme de 1906, mais le quartier reste réputé pour ses hôtels de luxe.

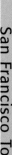

San Francisco Top 10

TOP 10 San Francisco Museum of Modern Art

Fondé en 1935, le SFMOMA est le seul musée de l'Ouest des États-Unis dont l'exposition offre un aperçu complet des grands mouvements de l'art moderne et contemporain. Depuis 1995, il occupe, dans le quartier réhabilité de South of Market (p. 29), un bâtiment postmoderne dessiné par l'architecte suisse Mario Botta. La collection permanente comprend des œuvres des artistes européens et américains les plus importants du xxe s., peintures et sculptures, bien entendu, mais aussi photographies et installations multimédia.

Façade du musée

🍴 Le Caffè Museo (415 357-4500) propose des snacks et des sandwichs de style méditerranéen.

🕐 Le jeudi, des visites guidées gratuites du musée partent toutes les heures de l'atrium entre 11h30 et 14h30, et à 18h15 et 19h15.

- 151 3rd St
- plan Q5
- (415) 357-4000
- www.sfmoma.org
- ouv. ven.-mar. 11h-17h45, jeu. 11h-20h45
- AH
- EP : 10 $; commentaire audio 3 $; EG le premier mardi du mois.

À ne pas manquer

1. Extérieur
2. Atrium
3. Artistes européens du xxe s.
4. Artistes américains du xxe s.
5. Artistes de la Bay Area
6. Artistes latino-américains
7. Photographie
8. Art électronique et numérique
9. Expositions temporaires
10. The Catwalk

Légende

- Rez-de-chaussée
- Premier étage
- Deuxième étage
- Troisième étage
- Quatrième étage

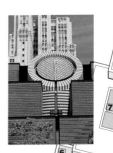

Extérieur 1
Avec son décor à chevrons inspiré du style Art déco, une verrière cylindrique haute de 38 m tranche sur le parement en brique d'une façade dépourvue de fenêtres.

Atrium 2
Sous la verrière, l'atrium forme un puits de lumière de toute la hauteur de l'édifice. Dominé par deux grandes peintures géométriques de Sol LeWitt, il donne au musée une entrée à la fois chaleureuse et spectaculaire.

Entrée

Le SFMOMA expose son fonds par roulement, si bien que les œuvres présentées ici peuvent ne pas être visibles.

3 Artistes européens du xxᵉ s.

Les salles du premier étage abritent des œuvres majeures d'artistes comme Matisse, Miró, Degas, Picasso, Braque, Klee, Mondrian, Duchamp, Dalí et Magritte.

Artistes de Bay Area 5

Le premier étage est également consacré à la région de San Francisco, qui compte des créateurs de renom international comme Richard Diebenkorn, Wayne Theibaud et Clyfford Still. Les peintres figuratifs représentés comprennent Elmer Bishoff et David Park. Intitulé *California Artist*, cet autoportrait de Robert Arneson *(ci-contre)* de 1982 en grès émaillé apporte une note humoristique.

6 Artistes latino-américains

La collection comprend des tableaux de peintres comme Wilfredo Lam et Joaquín Torres-Garcia. Elle illustre aussi le travail du muraliste Diego Rivera et de sa compagne Frida Kahlo.

9 Expositions temporaires

Les espaces réservés aux expositions temporaires accueillent un programme varié, allant de projets pédagogiques jusqu'à la présentation des photographies de Lewis Caroll ou des rétrospectives du travail de Yoko Ono ou d'Eva Hess.

10 The Catwalk

En haut, à l'intérieur de la verrière cylindrique, une passerelle métallique longue de dix mètres et au sol transparent *(ci-contre)* ménage une vue spectaculaire de la terrasse de sculptures et de l'atrium.

7 Photographie

Les expositions tournantes peuvent aussi bien inclure des clichés de Man Ray et Ansel Adams que des créations plus avant-gardistes.

8 Art électronique et numérique

Créée en 1987, la collection réunit notamment des œuvres multimédia et interactives de Brian Eno, Bill Viola, Dara Birnbaum, Matthew Barney et Nam June Paik.

4 Artistes américains du xxᵉ s.

De grands peintres comme O'Keeffe, de Kooning, Pollock, Warhol et Kline sont représentés. Jeff Koons jette un regard ironique sur notre époque, avec ce *Michael Jackson and Bubbles* de 1988 *(ci-dessus)*.

Suivez le guide

Le rez-de-chaussée abrite le Museum Store, le Caffè Museo et le Wattis Theater. Le premier étage renferme des peintures et des sculptures de la collection permanente, et des expositions en rapport avec le design et l'architecture. Les photographies et les œuvres sur papier se trouvent au deuxième étage, et les créations multimédia au troisième. À chaque étage, des salles peuvent accueillir des expositons temporaires.

Le Koret Visitor Education Center plaît beaucoup aux enfants, avec ses expositions multimédias et ses activités artistiques.

Gauche **Vue aérienne de l'Esplanade** Droite **Center for the Arts Theater**

🏆10 Yerba Buena Gardens

1 Center for the Arts Gallery

Les expositions temporaires abordent des sujets comme l'histoire, la technologie ou les différences raciales, sociales ou sexuelles. Certaines mettent en avant le travail d'un artiste encore peu connu.
⌖ 701 Mission St • plan Q5
• ouv. mar.-dim. 11h-17h • AH • EP.

Plan des Yerba Buena Gardens

2 Center for the Arts Theater
Les spectacles proposés dans cette salle de 750 places vont de l'opérette victorienne à des concerts de world-music.

3 Moscone Center
La construction de ce palais des congrès, achevé en 1981, marqua le début de la réhabilitation du quartier, et il accueillit en 1984 la convention du parti démocrate. Une grande partie du bâtiment se trouve en sous-sol. L'extérieur associe avec sobriété métal profilé et plantes vertes. ⌖ Howard St • plan Q5.

Moscone Center

4 Esplanade
Cet espace vert est agrémenté de sculptures. South of Market compte peu d'endroits aussi agréables pour venir se dégourdir les jambes ou se détendre sur une pelouse.

5 Rooftop Children's Center
Sur le toit de l'aile ouest du Moscone Center, ce centre d'activités pour les enfants comprend un manège de chevaux de bois de 1906, une patinoire, un bowling, un jardin pédagogique et un amphithéâtre.
⌖ 750 Folsom St • plan Q5.

6 Martin Luther King, Jr. Memorial
Ce monument regroupe une statue, une fontaine et des citations de discours et d'écrits du célèbre militant de la cause antiségrégationniste, assassiné le 4 avril 1968.

7 Zeum
Cette institution a pour objectif de stimuler la créativité des enfants. Entre autres, *Toys* leur permet de découvrir par le jeu de nouvelles applications technologiques, tandis que le *Production Lab* leur donne les moyens de tourner un film.
⌖ 221 4th St • plan Q5 • ouv. mer.-dim. 11h-17h • AH • EP.

8 California Historical Society Museum

Le musée de la Société historique de Californie présente une riche collection de photographies, de livres, de manuscrits, de cartes et d'objets d'art. Certaines des pièces remontent au début du XVIIe s. ◊ *678 Mission Street • plan P5 • ouv. mar.-sam. 11h-17h • EP.*

9 Mexican Museum et Magnes Museum of San Francisco

Le Musée mexicain et l'ancien Musée juif doivent déménager dans de nouveaux locaux définitifs en 2005. Le Magnes Museum conservera également un département dans l'East Bay à Berkeley, sur Allston Way.

10 Metreon

Le centre d'attractions ouvert par Sony aux Yerba Buena Gardens sert de vitrine aux développements technologiques de la marque et s'adresse plutôt à une clientèle jeune. Son cinéma multisalles, le plus grand de la ville, possède une salle IMAX où sont projetés des films en 3D, et les jeux d'arcades intègrent les dernières avancées dans ce domaine. Le complexe abrite restaurants et cafés, dont l'un donne sur la terrasse du dernier étage. ◊ *101 4th St • plan Q4.*

Les plus beaux édifices modernes de South of Market

1 Pacific Bell Park
2 SFMOMA
3 Moscone Center
4 Yerba Buena Center
5 Rincon Center
6 Metreon
7 South Park
8 The Galleria
9 Ed Hardy San Francisco
10 Hôtels Four Seasons et Marriott

La réhabilitation de South of Market

Cette ancienne zone industrielle, où entrepôts et usines étaient à l'abandon, resta considérée durant près d'un siècle comme peu fréquentable, voire dangereuse. La situation commença à évoluer dans les années 1970, avec l'assainissement des taudis et la construction d'un immense palais des congrès, le Moscone Center. Le centre culturel des Yerba Buena Gardens et le San Francisco Museum of Modern Art, inaugurés en 1994 et 1995, achevèrent de faire de SoMa un quartier branché où abondent galeries d'art et restaurants. Il est récemment devenu le pôle local des activités multimédia et Internet.

Esplanade, South of Market

⑩ Mission Dolores

La Misión San Francisco de Asís doit son nom actuel, Mission Dolores, au petit cours d'eau qui coulait jadis à proximité : l'Arroyo de Nuestra Señora de los Dolores. Sixième des 21 autres missions californiennes établies au XVIIIe s. sous la direction du père franciscain Junípero Serra, elle est la seule à avoir conservé sa chapelle intacte. C'est aujourd'hui le plus ancien édifice de San Francisco. Construite entre 1782 et 1791 par des Indiens Ohlone, sur un site consacré en 1776, elle possède des murs en adobe de 4 m d'épaisseur, qui auraient nécessité 36 000 briques façonnées à la main et séchées au soleil. Son toit en tuile rouge est typique du style « Mission » très répandu dans toute la Californie, y compris pour les bâtiments neufs.

Façades de la chapelle et de la basilique

🍴 **Pancho Villa Taqueria** sert une cuisine mexicaine authentique *(p. 113)*.

💡 **Dans le passage couvert, à droite de la chapelle,** des photographies anciennes montrent, notamment, des fêtes indiennes et la dévastation, en 1906, de l'église, dont la basilique occupe aujourd'hui l'emplacement.

• *3321 16th St, sur Dolores St*
• *plan F5*
• *(415) 621-8203*
• *www.missiondolores. citysearch.com*
• *ouv. t.l.j. 9h-16h*
• *AH*
• *suggestion de contribution : adulte 3 $, enfant 2 $; brochure en français ; visite audio de 40 min en anglais : 5 $.*

À ne pas manquer

1. Cimetière, statue de Serra
2. Chapelle
3. Retables
4. Décor du plafond
5. Diorama et musée
6. Façade Mission
7. Douleurs de Marie
8. Vitraux de St Francis
9. Dolores Street
10. Mission Dolores Park

1 Cimetière et statue de Serra
Une effigie grandeur nature du fondateur des missions californiennes se dresse au centre du paisible cimetière *(ci-dessus)*. Les stèles datent de 1830 à 1898. Les croix en bois des plus vieilles tombes ont disparu.

2 Chapelle
Le bâtiment central *(ci-contre)* a conservé son plafond aux poutres en séquoia attachées par du cuir et au décor peint par des Indiens Ohlone. Des vitres ambrées créent une lumière chaude.

3 Retables
Importés du Mexique, les retables en bois sculpté du maître-autel *(ci-dessus)* et des autels latéraux datent du début du XIXe s.

Autres églises p. 44-45

4 Décor du plafond
Les motifs du plafond dérivent de l'ornementation des vanneries Ohlone.

5 Diorama et musée
Au fond de la chapelle, un petit musée retrace l'histoire de la mission. À côté de l'édifice, un diorama montre comment s'y déroulait la vie quotidienne il y a deux siècles.

7 Panneaux des douleurs de Marie
Situés sur les deux tribunes latérales de la basilique, ils illustrent les sept grandes souffrances qu'eut à endurer la mère du Christ *(ci-dessus)*.

8 Vitraux du chœur de St Francis
Au fond de la basilique, les vitraux illustrent des épisodes de la vie de saint François d'Assise, le très contestaire patron de San Francisco. Sur les côtés, les vitraux des parties inférieures représentent les 21 missions californiennes.

9 Dolores Street
Des palmiers ornent en son milieu l'une des plus charmantes rues de San Francisco, typique de la ville avec ses nombreuses ondulations.

6 Façade Mission
La sobre façade de la chapelle est caractéristique du style Mission. Trois niches, soutenues par quatre colonnes, abritent des cloches en bronze gravées de leurs noms et de leurs dates de fabrication. Elles remontent au XVIIIe s.

Plan de Mission Dolores

10 Mission Dolores Park
Aménagé en 1905 à l'emplacement du principal cimetière juif de San Francisco, l'un des rares grands espaces verts de Mission District occupe une position dominante sur une colline et ménage une belle vue du centre-ville.

Junípero Serra et les missions californiennes
En 1769, Gaspar de Portolá partit du Mexique à la tête d'une petite troupe pour coloniser la Californie. Le père Junípero Serra l'accompagnait. Le prêtre fonda en 1769 à San Diego la première des 21 missions qui allaient jalonner la Route Royale longeant la côte. La distance qui les séparait correspondait à une journée de cheval. En 1876, Serra établissait, avec l'aide du père Francisco Palou, la mission San Francisco de Asís.

> **Remarque :** la nuit, des vendeurs de drogue rendent peu sûr le Mission Dolores Park.

ᵀᴼᴾ10 Wine Country

Au nord de San Francisco, les vallées abritées de Napa, Sonoma, et les collines qui les entourent, ont pris le nom de « pays du vin ». Cette région englobe en effet plus de 300 domaines viticoles, dont de nombreux crus ont été primés. La Napa Valley, un peu plus éloignée de la ville, possède une infrastructure d'accueil plus développée. La Sonoma Valley a un charme plus discret. Elles se prêtent toutes deux à une excursion d'une journée, mais méritent qu'on leur accorde un peu plus de temps, ne serait-ce que pour profiter d'un des nombreux établissements thermaux de la région (p. 34-35).

Panneau de Napa Valley

🍴 La Model Bakery, au 1357 Main Street à St Helena, vend des snacks originaux.

À ne pas manquer

1. Napa Valley Train
2. Sonoma
3. Clos Pegase
4. Sterling Vineyards
5. Opus One
6. Domaine Chandon
7. Hess Collection
8. V Sattui
9. Beringer Vineyards
10. Old Faithful Geyser

• Napa Valley Wine Train : 1275 McKinstry St, Napa ; (707) 253-2111 ; www.winetrain.com
• Clos Pegase : 1060 Dunaweal Lane ; (707) 942-4981 ; www.clospegase.com
• Sterling Vineyard : 1111 Dunaweal Lane ; (800) 726-6136 ; www.sterlingvineyards.com
• Opus One : 7900 St Helena Hwy ; (707) 944-9442 ; www.opusone winery.com
• Domaine Chandon : 1 California Drive, Yountville ; (707) 944-8844 ; www.chandon.com
• Hess Collection : 4411 Redwood Rd, Napa ; (707) 255-1144 ; www.hesscollection.com
• V Sattui : 1111 White Lane, St Helena ; (707) 963-7774
• Beringer Vineyards : 2000 Main St, St Helena ; (707) 963-4812
• Old Faithful Geyser : 1299 Tubbs Lane, Calistoga ; (707) 942-6463 ; EP : 8 $.

1 Napa Valley Train
Ce train de luxe propose une promenade gastronomique de trois heures entre Napa et St Helena. C'est l'occasion de découvrir la vallée sans se soucier de la circulation, et de déguster les crus locaux dans un wagon de 1915.

2 Sonoma
La petite ville nichée dans la vallée dont elle porte le nom *(ci-contre)* entoure une place ombragée et bordée d'édifices du début du xixᵉ s. Elle abrite de nombreux restaurants et hôtels, ainsi que des marchands de vin.

3 Clos Pegase
Cette cave réputée occupe un élégant bâtiment postmoderne, décoré de nombreuses œuvres d'art. Des visites guidées gratuites y sont organisées. Ses crus les plus appréciés comprennent des cabernet sauvignon et des merlot.

Les tarifs du Napa Valley Wine Train vont de 35 $ à 100 $, selon le type de repas.

4 Sterling Vineyards

Visibles à des kilomètres, les bâtiments blancs *(ci-dessus)* sont situés en hauteur. La visite autoguidée est bien fléchée. Les crus comprennent des Merlot et des cabernet sauvignon.

7 Hess Collection

Très agréables, les visites permettent aussi de découvrir la galerie d'art contemporain américain et européen du propriétaire. Les cabernet sauvignon, les merlot et les chardonnay sont particulièrement réussis.

Carte de Wine Country

10 Old Faithful Geyser

Le « vieux fidèle » fait partie des trois geysers réguliers du monde. Toutes les 40 minutes environ, il crache une colonne d'eau bouillante haute de 18 m.

5 Opus One

Le célèbre producteur californien Robert Mondavi et le baron Philippe de Rothschild se sont associés pour vinifier des crus inspirés des bordeaux, dans une cave copiée sur le Château Mouton Rothschild du Médoc.

6 Domaine Chandon

La vitrine de Moët Hennessy dans Napa Valley possède un bon restaurant et un joli jardin. La cave produit chaque année 500 000 caisses de champagne californien.

8 V Sattui

De vastes jardins et un excellent traiteur font du V Sattui *(ci-dessus)* l'endroit idéal où s'arrêter pour un pique-nique sur la route principale de la Napa Valley. En outre, le domaine propose des dégustations gratuites des vins les moins chers.

9 Beringer Vineyards

Le plus ancien domaine de la vallée, fondé en 1876, est aussi le plus beau. Les bouteilles se bonifient dans 300 m de galeries creusées par des ouvriers chinois dans la roche volcanique.

Le vin californien

Les franciscains plantèrent de la vigne dans Sonoma Valley dès 1824 pour fabriquer du vin de messe, mais c'est un comte hongrois qui créa le premier grand domaine viticole en 1857, en important des cépages européens. Depuis, la production n'a cessé d'augmenter et les vallées de Sonoma et de Napa abritent aujourd'hui des centaines de *wineries* souvent réputées, également, pour leurs restaurants.

Gauche **Massage** Droite **Indian Springs**

Thermes de Wine Country

1 Indian Springs
Un établissement thermal, datant de 1913 mais entièrement remis à neuf, entretient une tradition vieille de 8 000 ans sur un site où les Amérindiens avaient construit des huttes de sudation. À l'intérieur, des geysers chauffent les bains de boue aux cendres volcaniques, et une musique apaisante accompagne les traitements. ✪ *1712 Lincoln Ave, Calistoga • (707) 942-4913 • www.indianspringscalistoga.com*

2 Calistoga Spa Hot Springs
Les clients peuvent rendre leur séjour aussi reposant qu'actif s'ils le désirent. Les équipement comprennent quatre piscines thermales en plein air et des salles d'exercice et d'aérobic. ✪ *1006 Washington St, Calistoga • (707) 942-6269 • www.calistogaspa.com*

Calistoga Spa Hot Springs

3 Mount View Spa
Ce complexe historique de 1917 s'adresse aux personnes seules comme aux couples et propose de nombreux traitements de beauté tels que des bains de boue, de lait ou de plantes, des douches de vapeur aromathérapeutiques et des enveloppements corporels. ✪ *1457 Lincoln Ave, Calistoga • (707) 942-5789 • www.mountviewspa.com*

4 Health Spa Napa Valley
Dans un cadre serein, on vient ici parfaire sa forme et sa santé grâce à une large gamme d'exercices et de traitements, du yoga au massage à quatre mains, en passant par les emplâtres de boue et de pépins de raisin. ✪ *1030 Main St, St Helena • (707) 967-8800 • www.napavalleyspa.com*

5 Dr. Wilkinson's Hot Springs
L'un des plus anciens établissements thermaux de Calistoga a pour spécialité un bain de boue composé de cendres volcaniques et de tourbe importée, diluées dans l'eau chaude de la source. Il dure de 10 à 12 minutes et précède une douche à l'eau minérale et un bain aux plantes aromatiques. Après un passage dans un sauna, un enveloppement dans des couvertures permet de se rafraîchir doucement en faisant un petit somme. ✪ *1507 Lincoln Ave, Calistoga • (707) 942-4102 • www.drwilkinson.com*

Fairmont Sonoma Mission Inn and Spa

6 Fairmont Sonoma Mission Inn and Spa
Cet hôtel de grand luxe exploite des sources chaudes déjà connues des Indiens. Ses thermes renommés, en plein air et en intérieur, forment un vaste complexe paysagé. ◈ *100 Boyes Blvd, Boyes Hot Springs • (707) 938-9000 • www.fairmont.com*

7 The Kenwood Inn and Spa
Reconnu comme une des hôtelleries les plus élégantes et intimes du Wine Country, le Kenwood loue 12 suites au sommet d'une colline dominant 400 ha de vignes, au cœur de Sonoma Valley. Les bâtiments évoquent une villa toscane. L'établissement thermal n'est pas réservé aux hôtes et propose un large éventail de prestations, notamment des soins et des massages ayurvédiques et aromathérapeutiques. ◈ *10400 Sonoma Hwy, Kenwood • (707) 833-1293 • www.kenwoodinn.com*

8 Harbin Hot Springs
Harbin Hot Springs est une institution à but non lucratif. Elle accueille une clientèle « new age » qui vient du monde entier se baigner dans les sources chaudes, profiter des massages pratiqués, y compris dans l'eau, par des thérapeutes diplômés, se promener dans un domaine de plus de 1 000 ha, ou tout simplement se détendre et prendre le soleil. Des organisations et des personnalités extérieures assurent tout au long de l'année un large éventail d'ateliers. ◈ *Harbin Springs Rd, nord de Middletown • (707) 987-2477 • www.harbin.org*

9 Retreat Resort
Installé dans la splendide région de la Russian River, cet établissement offre un cadre paisible où venir reprendre des forces pour affronter la vie moderne. Les traitements, très variés, durent approximativement une heure. Les hôtes bénéficient d'un libre accès à la piscine, au jacuzzi et à une prairie privée. Une soirée de dégustation de vins est organisée certains week-ends. ◈ *14711 Armstrong Woods Rd, Guerneville • (707) 869-2706 • www.retreatresort.com*

10 Fern Falls
Cette propriété très originale, accrochée à flanc de colline au milieu de la forêt de séquoias du canyon de Cazadero, se trouve à la périphérie de la région de la Russian River, et à 15 minutes en voiture de l'océan. Elle loue des pavillons à l'aménagement personnalisé, mais possédant tous une chambre, une cheminée, une cuisine et une salle de bains, ainsi qu'une douche en plein air et un solarium. La maison des propriétaires surplombe une cascade. ◈ *5701 Austin Creek Rd, sur Kramer Rd, Cazadero • (707) 632-6108 • www.fernfalls.com*

Gauche **Ruée vers l'or** Droite **Amérindiens**

TOP10 Un peu d'histoire

1 Amérindiens
Il existait déjà des colonies de chasseurs-cueilleurs dans la région au XIᵉ s. av. J.-C. Ils se nourrissaient de baies, de fruits de mer et de gibier. Les historiens les distinguent en trois groupes : les Miwok, les Wintun et les Ohlone.

2 Sir Francis Drake
En 1579, le corsaire anglais débarqua près de Point Reyes et revendiqua la Californie du Nord au nom de la reine Élisabeth. La Grande-Bretagne laissa néanmoins les Espagnols la conquérir. Comme nombre des premiers explorateurs de la région, Drake ne remarqua pas la magnifique entrée de la baie.

3 Colonisation espagnole
Près deux siècles après le passage de Drake, l'Espagne entreprit une véritable colonisation de l'Alta California.

Statue du père Junipero Serra

En 1776, une expédition conduite par Juan Bautista de Anza atteignit la baie et édifia un fort, le Presidio. Le père Junipero Serra fonda une mission dédiée à saint François d'Assise (p. 30-31).

4 Prise de contrôle américaine
Des colons commencèrent à franchir la Sierra Nevada au début du XIXᵉ s. et, en 1846, au début de la guerre avec le Mexique, une éphémère Bear Flag Republic fut proclamée à Sonoma. Le traité de paix signé en 1848 rattacha la Californie à l'Union.

5 Ruée vers l'or
En 1848, au pied de la Sierra Nevada, un employé du riche propriétaire terrien John Sutter remarque une curieuse lueur dans le cours de l'American River : de l'or. Le journaliste Sam Brannan répand la nouvelle, et les prospecteurs qui affluent en 1849, d'où leur surnom de *Forty-Niners* (quarante-neuvièmes), transforment complètement San Francisco. Entre 1848 et 1850, sa population passe de 812 à 25 000 habitants.

6 Wells Fargo
Profitant de l'élan donné par la ruée vers l'or, la Wells Fargo and Co commença, en 1852, à assurer un transport régulier par diligence de passagers et de marchandises (p. 41).

Sites historiques de San Francisco p. 38-39

7 Panama-Pacific Exposition
L'exposition organisée en 1915 à l'occasion de l'ouverture du canal de Panama célébrait surtout la résurrection de San Francisco après la catastrophe de 1906 *(p. 94)*.

8 Bay Bridge et Golden Gate Bridge
Le Bay Bridge, inauguré en 1936, marqua la fin de l'ère des bacs en reliant la ville à Oakland et l'East Bay. Un an plus tard, le Golden Gate Bridge était à son tour mis en service *(p. 8-9)*.

Jeune participante du « Summer of Love »

9 « Summer of Love »
Au cours de l'été 1967, San Francisco s'emplit de jeunes gens venus de tous les États-Unis dans l'espoir de vivre une utopie d'amour et de paix. Leur contre-culture et leurs aspirations marquèrent profondément le monde entier.

10 Sénatrices Feinstein et Boxer
La Californie a toujours été en avance sur le reste du pays. En 1992, elle fut le premier État des U.S.A. à envoyer deux sénatrices, Dianne Feinstein et Barbara Boxer, siéger au Congrès.

Scandales et désastres

1 Extermination des Améridiens
À la fin des années 1800, les colons recevaient une prime pour chaque scalp d'Indien.

2 Désordres de la ruée vers l'or
Des comités de vigilance aux méthodes expéditives durent maintenir l'ordre pendant la ruée vers l'or.

3 1906
Le séisme et l'incendie qu'il déclencha dévastèrent la majeure partie de la ville, faisant 250 000 sans-abri.

4 « Bloody Thursday »
Le 5 juillet 1934, la police tira sur des dockers en grève, tuant deux personnes.

5 Howl
Le 13 octobre 1955, Allen Ginsberg lut à San Francisco son poème *Howl* qui fit connaître le mouvement *beat*.

6 Contestation
Les mouvements pour l'égalité des droits et contre la guerre du Vietnam furent très actifs de 1964 à 1970.

7 Morts d'idoles rock
En 1970, l'abus de drogues cause la mort de Jimi Hendrix et de Janis Joplin.

8 Vengeance de White
En 1978, l'ancien superviseur Dan White abattit le maire George Moscone et le conseiller municipal Harvey Milk *(p. 39)*.

9 Sida
L'épidémie atteignit des proportions dramatiques dans les années 1980.

10 Séisme de Loma Prieta
En octobre 1989, il détruisit le centre de Santa Cruz *(p.79)* et une partie du Bay Bridge.

San Francisco Top 10

Gauche **Fairmont Hotel, Nob Hill** Centre **City Hall** Droite **Au cœur de Haight-Ashbury**

Sites historiques

1 Mission Dolores
Dans un cadre resté paisible, la mission espagnole à l'origine de la ville est la seule de Californie à avoir conservé sa chapelle *(p. 30-31)*.

2 Jackson Square
L'un des rares quartiers épargnés par le tremblement de terre de 1906 abrite certains des plus anciens et des plus charmants édifices de la ville. Au XIXe s., il se trouvait au cœur de Barbary Coast, où abondaient les tripots *(p. 84)*.

3 Nob Hill
Sur la colline où les magnats de l'époque dorée bâtissaient leurs somptueuses demeures se dressent aujourd'hui les hôtels les plus luxueux de San Francisco et l'élégante Grace Cathedral *(p. 83)*.

Jackson Square

4 Fisherman's Wharf
Le quai du Pêcheur est aujourd'hui dévolu au tourisme avec ses restaurants, ses boutiques et ses attractions familiales, dont un manège de chevaux de bois. Mais quelques bateaux de pêche y viennent encore débarquer leurs prises, et une colonie d'otaries se prélasse à proximité *(p. 12-13)*.

5 War Memorial Opera House
Une représentation de *La Tosca* de Puccini marqua, en 1932, l'inauguration de cet opéra dédié aux soldats de la Première Guerre mondiale. Inspiré de ces prédécesseurs européens avec son entrée en marbre, ses grands lustres et ses balcons, il accueillit en 1945 les séances plénières qui précédèrent la fondation de l'ONU et, en 1951, la signature du traité de paix entre les États-Unis et le Japon *(p. 56)*.

6 North Beach
Ce quartier au sud de Fisherman's Wharf abrite d'importantes communautés d'origines italienne et chinoise. Très animé la nuit, il entretient le souvenir des écrivains de la *beat generation*, qui y trouvèrent leur premier éditeur. Ses églises historiques offrent des points de repère aisés, tandis que ses cafés les plus typiques se trouvent hors des sentiers battus *(p. 83)*.

Enseigne de café, Haight-Ashbury

Haight-Ashbury
7 Dans les années 1960, ce quartier devint le pôle du mouvement hippie et le condensé de toute sa créativité et de ses dérives. Il garde, avec ses maisons victoriennes, une atmosphère unique *(p. 100)*.

Fillmore Auditorium
8 Des trois principales salles où se produisaient les grands noms du rock psychédélique, seul le Fillmore a survécu. L'Avalon Ballroom et le Winterland ont tous deux disparu. ✆ *1805 Geary Blvd • plan E3.*

City Hall
9 Le 28 novembre 1978, l'ancien superviseur Dan White assassina, à l'hôtel de ville, le maire George Moscone et le conseiller municipal Harvey Milk, le premier élu à avoir révélé son homosexualité. Bâclé, le procès suscita une violente réaction de la communauté gay *(p. 84)*. ✆ *1 Dr. Carlton B. Goodlett Place • plan R1.*

Sutro Baths
10 Le magnat de l'argent Adolph Sutro fit construire ici en 1896 les plus vastes piscines chauffées du monde à l'époque. Une verrière spectaculaire les protégeait. Un incendie a détruit le complexe en 1966, mais des marches mènent aux ruines depuis le parc de stationnement du Merrie Way *(p. 116)*.

Personnalités historiques

Junípero Serra
1 Pour coloniser la Californie, ce franciscain espagnol fonda, au XVIIIᵉ s., une chaîne de missions, dont la Mission Dolores *(p. 31)*.

John C. Fremont
2 Le chef de la première expédition à franchir la Sierra Nevada donna son nom de « Porte d'or » à l'entrée de la baie de San Francisco.

John Muir
3 Ce naturaliste fit beaucoup pour promouvoir les parcs nationaux, et le nom des Muir Woods lui rend hommage *(p. 78)*.

Leland Stanford
4 L'un des « Big Four » de la compagnie de chemins de fer Transcontinental est le fondateur de Stanford University *(p. 125)*.

Mark Hopkins
5 Ce « Big Four » contribua à la réputation de Nob Hill.

Charles Crocker
6 La Crocker Galleria fait vivre le nom d'un autre des « Big Four » *(p. 50)*.

A.P. Giannini
7 Le fondateur, en 1904, de la Bank of Italy devenue depuis la Bank of America, finança la construction du Golden Gate Bridge.

Harvey Milk
8 Le premier homme politique à revendiquer son homosexualité fut assassiné en 1978.

Dianne Feinstein
9 Figure de la politique san-franciscaine, elle est devenue sénatrice en 1992.

Jerry Brown
10 Le maire d'Oakland est aussi un moine bouddhiste.

Gauche **California Academy of Sciences** Droite **Cable Car Museum**

Musées

1 San Francisco Museum of Modern Art

Cet élégant pôle culturel du quartier branché de South of Market possède une importante collection permanente d'art moderne qui va des précurseurs de l'impressionnisme jusqu'à des installations numériques d'avant-garde (p. 26-29).

2 California Academy of Sciences

Ce musée, qui dévoile la richesse de la nature et de l'univers, subira des travaux de rénovation de 2004 à 2008, et la collection sera temporairement déplacée (p. 22-23).

3 California Palace of the Legion of Honor

Dans un somptueux cadre naturel au-dessus de Land's End, le bâtiment est inspiré du palais de Salm, siège du musée de la Légion d'Honneur à Paris. Il abrite une collection d'art européen avec des œuvres de Rubens, Rembrandt, Georges de La Tour, Degas, Rodin et Claude Monet. Des reconstitutions d'intérieurs d'époque mettent en valeur des objets d'art tels que des meubles, des porcelaines et des tapisseries.

🕲 Lincoln Park, 34th Ave et Clement St • plan B3 • ouv. mar.-dim. 9h30-17h, 1er sam. du mois 9h30-20h45. • AH • EP.

Les Trois Ombres par Auguste Rodin, Palace of the Legion of Honor

4 M.H. de Young Museum

Le tremblement de terre de 1989 avait trop endommagé le bâtiment d'origine pour permettre de le sauver. Selon le projet retenu, le nouvel édifice s'intégrera harmonieusement dans le cadre du Golden Gate Park. Il sera l'écrin d'une collection d'art américain et d'objets africains, précolombiens et océaniens. 🕲 Music Concourse, Golden Gate Park • plan D4 • ouverture en 2005.

Art mexicain, M.H. de Young Museum

5 Asian Art Museum

L'ancienne bibliothèque centrale du Civic Center a été mise aux normes antisismiques afin de devenir le nouveau musée d'Art asiatique. Sa riche collection de peintures, de statues et d'objets d'art de Chine, de Corée, du Japon, de l'Himalaya et d'Asie du Sud-Est

est exposée par pays ou régions d'origine. La disposition montre aussi la diffusion et l'évolution, dans tout l'Extrême-Orient, de l'art bouddhiste né en Inde. Ne manquez pas les jades de la collection Avery Brundage. ◈ 200 Larkin St • plan R2 • ouv. mar.-dim. 10h-17h, jeu. 10h-21h • ferm. lun. ; 1er jan. Thanksgiving et 25 déc. et Civic Center Events • EP.

6 Museum of the City of San Francisco

Au moyen de souvenirs (photographies, journaux, maquettes et affiches), le Musée de la ville de San Francisco retrace l'histoire de la cité, de ses modestes débuts jusqu'à la grande métropole qu'elle est devenue. Parmi les pièces les plus étonnantes figure la tête de la déesse du Progrès. Mise à bas par le tremblement de terre de 1906, l'effigie décorait l'hôtel de ville. ◈ South Light Court, City Hall, Van Ness Ave et Grove St • plan R1 • ouv. lun.-ven. 8h-20h, sam. 8h-16h • AH • EG.

7 Cable Car Museum

La salle des machines du réseau de cable cars occupe un bâtiment en brique de 1909. Une galerie permet d'observer le mécanisme qui entraîne les câbles sans fin. On peut aussi descendre en dessous du niveau de la rue (p. 11).

8 Musée Mechanique et Holographic Museum

Ces petits musées rassemblent une amusante collection de jeux d'arcade, de jouets mécaniques et d'automates anciens. Prévoyez des quarters pour les mettre en marche. Les attractions les plus remarquables comprennent Laughing Sal, dite la « grosse dame », la reconstitution d'une fumerie d'opium, une curieuse danseuse de cancan, des singes musiciens, une diseuse de bonne aventure et des appareils à voir des images stéréoscopiques. ◈ Pier 45 au bout de Taylor Street, Fisherman's Wharf • plan J3 • ouv. lun.-ven. 10h-19h, sam.-dim. 10h-20h • www.museemechanique.citysearch.com • EG.

9 Seymour Pioneer Museum

La « société des pionniers de Californie » s'emploie à préserver l'héritage californien d'avant 1850 avec des collections d'objets de la vie quotidienne et de photographies. Elle expose aussi des meubles, des peintures et des sculptures. ◈ 300 4th St • plan R5 • ouv. mar.-ven. et 1er sam. du mois 10h-16h • EP.

10 Wells Fargo History Museum

Les diligences de la Wells Fargo & Co sont entrées dans la légende, tant pour le courage de leurs conducteurs que pour l'audace des bandits qui les dévalisaient. Le journal enregistré d'un certain Francis Bocklehurst permet de comprendre ce qu'étaient les voyages à l'époque – des jours de cahots. Les pièces exposées comprennent aussi des pépites d'or et des armes. ◈ 420 Montgomery St • plan N5 • ouv. lun.-ven. 9h-17h • EG.

Diligence en bronze (1984), Wells Fargo History Museum

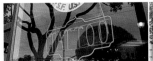

Gauche **Tattoo Art Museum** Droite **San Francisco Arts Commission Gallery**

🔟 Musées d'art

1 Fraenkel Gallery

Pour sa première exposition, cette galerie de photographie présenta des clichés de la lune pris par la Nasa. Depuis, elle a notamment rendu hommage au travail d'Eugène Atget, Edward Weston, Diane Arbus, Adam Fuss, Sol LeWitt, Richard Avedon et Man Ray. Des projets particuliers ont jeté des ponts avec d'autres formes d'expression comme la peinture, le dessin et la sculpture. 🌀 *49 Geary St • plan P4 • (415) 981-2661 • ouv. mar.-ven. 10h-17h30, sam. 11h-17h • EG.*

2 Museum of Craft and Folk Art

Ce musée d'artisanat et d'art populaire s'emploie, à travers des expositions temporaires, à faire ressortir la diversité de la créativité humaine, qu'elle s'exprime au travers d'objets utilitaires ou de l'art contemporain. Cette démarche détermine le choix des objets proposés dans sa boutique. 🌀 *Fort Mason Center Bldg A • plan F1 • ouv. mar.-ven. et dim.11h-17h ; sam. 10h-17h • EP.*

3 Tattoo Art Museum

« Le tatouage est vieux comme le temps et aussi moderne que demain » affirme Lyle Tuttle, le propriétaire de ce musée. Des vitrines abritent une exposition sur les techniques et le matériel utilisés dans différentes parties du monde. La salle adjacente constitue toutefois l'attraction la plus intéressante, lorsque l'un des artistes de l'établissement est en train de parer un client d'une de ses œuvres. 🌀 *841 Columbus Ave • plan L3 • ouv. t.l.j. 12h-21h • EG.*

4 Pacific Heritage Museum

Ce musée, installé dans l'ancienne Monnaie (1875-1877), est parrainé par la Bank of Canton construite juste au-dessus. Il est consacré à l'art de la ceinture du Pacifique et a pour ambition de faire découvrir à un plus large public la création asiatique. Il présente en particulier des œuvres appartenant à des collections privées et rarement accessibles au public. 🌀 *608 Commercial St • plan N5 • ouv. mar.-sam. 10h-16h • EG.*

5 Museo ItaloAmericano

Cette institution fait office de centre culturel pour les membres de la communauté italienne, et elle propose des formations à la langue, l'art, l'architecture et la cuisine de leur pays d'origine. Les expositions temporaires ont des sujets variés, mais liés à l'Italie. 🌀 *Fort Mason Center, Building C • plan F1 • ouv. 12h-17h mer.-dim.• EP.*

Museum of Craft and Folk Art

6 Galería de la Raza

Cet espace interdisciplinaire, créé par des artistes latino-américains, offre un espace d'expression à des peintres, aussi bien qu'à des dessinateurs de bandes dessinées, des muralistes ou des créateurs numériques. Il accueille des débats, des projections de films, des spectacles et des concerts. ◈ *2857 24th St sur Bryant • plan G5 • ouv. mar.-sam. 12h-18h • EG.*

7 Intersection for the Arts

Cette institution alternative se définit comme un lieu où peuvent se croiser des idées provocatrices, diverses formes d'art, des créateurs et un public. Les activités proposées vont de l'atelier d'écriture au concert de jazz. ◈ *446 Valencia St entre 15th St et 16th St • plan F4 • ouv. mer.-sam. 12h-17h • EG.*

8 San Francisco Arts Commission Gallery

Financée par la municipalité de San Francisco, la Commission des arts a pour mission de promouvoir les artistes de Bay Area. Sa galerie d'exposition existe depuis 1970. Le Slide Registry réunit les diapositives d'œuvres de centaines de créateurs. ◈ *401 Van Ness Ave • plan R1 • ouv. mer.-sam. 11h-17h30 • EG.*

9 SoMarts Gallery

Fondé en 1975 sous une autoroute, cet immense centre culturel municipal renferme deux espaces d'exposition, un théâtre de 250 places, des lieux de répétition et des ateliers d'imprimerie, de poterie et de dessin. ◈ *934 Brannan St entre 8th St et 9th St • plan G4 • ouv. mar.-sam. 12h-16h • EG.*

Cartoon Art Museum

10 Cartoon Art Museum

L'unique musée des États-Unis dédié à la bande dessinée sous toutes ses formes a bénéficié d'une dotation de Charles M. Schulz, le créateur de *Peanuts,* et possède une collection permanente d'environ 6 000 pièces. ◈ *655 Mission St • plan P5 • ouv. mar.-dim. 11h-17h • EP.*

Gauche **St John Coltrane's African Orthodox Church** Droite **St Mary of the Assumption**

TOP 10 Églises

1 Grace Cathedral
Cette grande église inspirée de Notre-Dame domine la ville depuis Nob Hill *(p. 24-25).*

2 Mission Dolores
Dans la mission à l'origine de San Francisco, des photographies et un diorama offrent un aperçu de la vie quotidienne des Indiens qui la construisirent au XVIIIe s.*(p. 30-31).*

3 Cathedral of St Mary of the Assumption
Cet édifice de 1971 a été comparé à une immense machine à laver. L'intérieur n'en est pas moins étrange, avec des bandes de vitraux ayant pour thème les quatre éléments, et une sculpture en barres d'aluminium *(p. 47).* 🔊 *1111 Gough St • plan F3 • offices : lun.-sam. 6h45, 8h, 12h10 ; dim. 7h30, 9h, 11h • AH • EG.*

4 Glide Memorial United Methodist Church
Cette église a pour credo : « La condition humaine avant la Bible. » Les offices, auxquels

Grace Cathedral

participent une chorale de gospel et un orchestre de jazz, attirent jusqu'à 1 500 fidèles.
C'est également l'une des rares institutions religieuses où peuvent se marier des couples homosexuels. 🔊 *330 Ellis St • plan Q3 • offices : dim. 9h, 11h • EG.*

5 St John Coltrane's African Orthodox Church
« Ma musique est l'expression spirituelle de ce que je suis – ma foi, ma connaissance, mon être », disait le célèbre musicien de jazz John Coltrane. Aux offices, l'orchestre Ohnedaruth et la chorale des Sisters of Compassion interprètent une de ses œuvres : *A Love Supreme.* 🔊 *St Paul's Lutheran Church, 930 Gough St sur Turk St • plan F3 • office : dim. 11h45 • EG.*

6 First Unitarian Universalist Church
Cette église suit une voie progressiste depuis 1850, et ce sont des valeurs partagées – et non un dogme – qui unissent sa congrégation. Après l'office, ses membres restent discuter et boire un café. 🔊 *1187 Franklin St • plan P1 • offices : dim. 11h, 17h • EG.*

7 St Mark's Lutheran Church
Le sanctuaire en brique rose associe les styles néo-gothique et néo-roman. Il date de 1894 et servit de centre d'accueil en 1906 *(p. 37).* 🔊 *1111 O'Farrell St • plan P1 • offices : dim. 9h, 11h • EG.*

L'entrée de la plupart des églises est libre, même lorsqu'il ne s'y déroule pas d'office.

8 St Patrick's Cathedral

La cathédrale Saint-Patrick se dresse dans South of Market. Consuite en 1872 dans le style Gothic Revival, elle possède un intérieur impressionnant en marbre, éclairé par des vitraux. ✆ 756 Mission St • plan Q4 • offices : lun.-sam. 7h, 8h, 12h10, 17h15 ; dim. 7h30, 9h, 10h30, 12h15, 17h15 • EG.

9 Shrine of St Francis of Assisi

De style Gothic Revival, la première église paroissiale de Californie a le statut de *State Historic Landmark*. Sa consécration date du 17 juin 1849. À l'intérieur, 11 peintures murales plus grandes que nature illustrent les œuvres de saint François d'Assise, le patron de la cité. ✆ 610 Vallejo St sur Columbus • plan M4 • offices : dim.-ven. 12h15 • EG.

10 St Peter and Paul Church

La « cathédrale italienne » de North Beach a porté un temps le surnom d'« église en massepain », à cause de ses pinacles très ouvragés. Elle abrite une reproduction sculptée de *La Cène* de Léonard de Vinci (p. 88).

St Peter and Paul Church

Temples et cultes

1 Kong Chow Temple
Le plus vieux temple de Chinatown est dédié au dieu Kuan Di (p. 18-19).

2 Tin How Temple
La reine du ciel, vénérée dans ce sanctuaire, protège les visiteurs et ceux qui voyagent en mer (p. 18-19).

3 Temple Sherith Israel
Des pionniers juifs établirent en 1846 une première synagogue. L'actuel édifice à coupole date de 1904. ✆ 2266 California St • plan F3 • offices : ven. 18h, sam. 10h30 • EG.

4 Vedanta Temple
Le plus ancien temple hindou de l'ouest des U.S.A. existe depuis 1905. ✆ 2963 Webster St • plan E2 • EG.

5 Zen Center
Les débutants dans la pratique du zen sont ici les bienvenus. ✆ 300 Page St • plan F4.

6 Crystal Way
On y explore les vertus des cristaux. ✆ 2335 Market St • plan F5.

7 Botanica Yoruba
Tout le nécessaire aux rites de la santeria (p. 110).

8 Psychic Eye Book Shop
Une panoplie de dieux et déesses exotiques. ✆ 301 Fell St • plan F4.

9 The Love of Ganesha
Vêtements, art et artisanat hindous ✆ 1601A Page St • plan E4.

10 Open Secret
L'arrière-salle de cette adresse « new age » ressemble à un temple dédié à toutes les divinités du monde. ✆ 923 C St, San Rafael • Hwy 1.

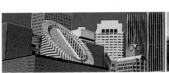

Gauche **San Francisco Museum of Modern Art** Droite **Palace of Fine Arts**

TOP 10 Édifices remarquables

1 Transamerica Pyramid
Le plus haut gratte-ciel de San Francisco souleva bien des protestations lors de son inauguration, mais il est devenu l'un des emblèmes de la ville. Haut de 260 m, il abrite une plate-forme panoramique au 27e étage. Sa forme caractéristique lui permet de ne pas plonger les environs dans l'ombre.
⊗ *600 Montgomery St • plan N5.*

2 Bank of America
Le premier gratte-ciel construit à San Francisco, en 1972, possède 52 étages. La couleur marron de la façade en granite résulte d'une erreur de livraison. Elle aurait dû être rose ⊗ *555 California St • plan N5.*

3 San Francisco Museum of Modern Art
Le premier édifice postmoderne de San Francisco est une référence très contemporaine à l'architecture de la Renaissance. L'intérieur a été conçu de manière à offrir une grande souplesse d'aménagement des espaces d'exposition *(p. 26-29).*

4 Coit Tower
Dédiée aux pompiers volontaires, cette tour en béton armé Art déco, haute de 64 m, se dresse au sommet de Telegraph Hill. Des peintures murales ornent le hall. Un ascenseur conduit à sa plate-forme panoramique. Elle ménage une vue splendide de la baie *(p. 88).*

5 Palace of Fine Arts
Pour dessiner ce pavillon néoclassique de la Panama-Pacific Exposition de 1915, l'architecte Bernard Maybeck s'inspira des gravures de l'Italien Piranèse (1720-1778) et d'un tableau romantique peint en 1880 par le Suisse Arnold Böcklin : *L'Île des morts (p. 94).*

6 Civic Center
Le pôle administratif et politique de San Francisco a pour cœur l'imposant City Hall, couronné d'une coupole néo-baroque d'une hauteur supérieure de quelques centimètres à celle du Capitole de Washington *(p. 84).*

7 Haas-Lilienthal House
Caractéristique du style Queen Anne avec sa tour d'angle, ses pignons et sa riche décoration, l'une des rares demeures victoriennes ouvertes au public date de 1886. Transformée en musée, elle a conservé son mobilier d'époque. La visite des salons, de la salle à

Haas-Lilienthal House

 Découverte à pied des maisons victoriennes de Pacific Heights et Cow Hollow : (415) 252-9485.

Transamerica Pyramid

manger, d'une des six chambres et de la salle de bal offre un aperçu du mode de vie de la bourgeoisie aisée de San Francisco au tournant du XXe s. ◈ 2007 Franklin St • plan M1 • ouv. mer. 12h-15h ; dim. 11h-16h • EP.

Grace Cathedral
8 La silhouette de cette grande église épiscopale est inspirée du gothique français, mais sa structure antisismique est en béton armé. Son célèbre labyrinthe est une réplique de celui de la cathédrale de Chartres (p. 24-25).

Folk Art International
9 L'unique bâtiment élevé à San Francisco par Frank Lloyd Wright date de 1948. Comme le Guggenheim Museum de New York, il renferme une rampe hélicoïdale. ◈ 140 Maiden Lane • plan P4 • ouv. lun.-sam. 10h-18h • EG.

St Mary's Cathedral
10 La forme ultramoderne de la cathédrale Sainte-Marie suscite beaucoup de critiques, mais à l'intérieur, les courbes du toit attirent le regard vers les cieux, comme les voûtes ogivales des cathédrales gothiques (p. 44).

Art public

Balmy Alley
1 L'ensemble de *murals* le plus connu de la ville est l'œuvre d'artistes latino-américains. ◈ 24th St et 25th St entre Harrison et Treat • plan G6.

San Francisco
2 Art Institute
Le muraliste mexicain Diego Rivera y peignit *The Making of a Mural* en 1931. ◈ 800 Chestnut St • plan K3.

Coit Tower
3 Elle abrite des fresques datant de la Grande Dépression (p. 88).

Fort Mason
4 Le Learning Wall a pour sujet l'éducation. ◈ Franklin St • plan J1.

Women's Building
5 Sept femmes ont réalisé la peinture de la façade. ◈ 18th St entre Valencia et Guerrero • plan F5.

Bikeway
6 Ce décor mural mesure 104 m de longueur. ◈ Duboce St entre Church et Market • plan F4.

Beach Chalet
7 Il conserve des *murals* de 1936. ◈ 1000 Great Hwy • plan A4.

Rincon Center
8 Des *murals* de 1948 de l'artiste russe Anton Refregier retracent l'histoire de la Californie. ◈ Mission St, Howar St, Steuart St et Spear St• plan H2.

Financial District
9 La sculpture *Transcendence* en pierre noire s'élève devant la Bank of America.

Golden Gate Park
10 Des bronzes, dont *Apple Cider Press*, décorent le Music Concourse (p. 20-21).

Découverte à pied ou à bicyclette des *murals* de Mission District : (415) 285-2287.

Gauche **Embarcadero Park** Droite **Buena Vista Park**

Parcs et jardins

Golden Gate Park
1 Une zone de dunes broussailleuses est devenue l'un des plus vastes parcs publics des États-Unis. C'est aussi l'un des plus variés. Il renferme plusieurs musées, dont celui de la California Academy of Sciences *(p. 20-23)*.

Buena Vista Park
2 Haight Street longe ce flanc de colline pentu et densément boisé. Il ménage une vue splendide, et marcheurs et cyclistes y disposent de sentiers relativement exigeants. *Plan E4.*

Fort Mason
3 Surnommée la « grande prairie », la pelouse au-dessus de Fort Mason Center *(p. 94)* offre un cadre idéal à un moment de détente, une partie de frisbee ou une flânerie jusqu'au panorama qui se déploie du sommet des falaises. *Plan F1.*

Shakespeare Garden, Golden Gate Park

The Presidio
4 Sur un terrain qui a perdu depuis peu sa vocation militaire, ce parc national en cours d'aménagement pourrait devenir encore plus surprenant que le Golden Gate Park si le Presidio Trust, qui a pour tâche de le rendre financièrement autosuffisant d'ici 2013, prend les bonnes décisions. Les points de vue se confrontent encore. Les désaccords concernent principalement l'importance de la dimension commerciale à donner au lieu *(p. 95)*.

Alta Plaza
5 Au cœur de Pacific Heights, cet espace vert à flanc de colline abrite en son centre un terrain de basket-ball, des courts de tennis et une aire de jeu pour enfants. Au sud, ses pelouses en terrasses s'étendent devant les façades de certaines des plus anciennes demeures du quartier. *Plan E2.*

Alamo Square
6 Le contraste entre un rang de maisons victoriennes et les gratte-ciel de Downtown en arrière-plan attire de nombreux photographes sur cette place verdoyante. Les rues du quartier sont bordées de tant de demeures anciennes qu'il a été déclaré historique. Des hôtels occupent deux d'entre elles, mais les environs d'Alamo Square ne sont pas des mieux fréquentés la nuit. *Plan E4.*

Remarque : mieux vaut éviter les parcs de San Francisco la nuit.

7 Embarcadero Park

Jadis industriel, le front de mer de l'Embarcadero a connu une transformation bienvenue ces dernières années. Paradoxalement, c'est le tremblement de terre de 1989 qui l'a rendue possible en mettant un terme à l'idée d'une autoroute rejoignant le centre-ville. Réhabilités, les anciens quais de déchargement ont pris un aspect verdoyant, et rollers et cyclistes profitent de trottoirs dégagés *(p. 93)*.

8 Yerba Buena Gardens

Créé lors de la construction du Moscone Convention Center, ce petit espace vert, le seul de SoMa, s'emplit d'amateurs de bains de soleil quand le temps le permet. Les promeneurs apprécient ses sculptures et ses fontaines *(p. 28)*.

9 Lafayette Park

Planté de pins et d'eucalyptus, cet autre jardin public aménagé à flanc de colline dans Pacific Heights eut une histoire plus mouvementée que l'Alta Plaza. Des squatters édifièrent en effet des maisons

Lafayette Park

sur cet espace réservé à l'usage collectif. La plus grande en occupa le centre jusqu'en 1936. Des escaliers pentus conduisent au sommet, d'où l'on profite d'une superbe vue. ✆ *Plan F2.*

10 Walton Park

Malgré sa petite taille, le Walton Park évoque une prairie de montagne et permet aux employés de Downtown d'échapper un moment au béton et au bitume. En semaine, ils sont nombreux à y pique-niquer le midi. Le parc renferme plusieurs sculptures, dont une « fontaine des quatre saisons » et un portrtait de Georgia O'Keeffe. ✆ *Plan M6.*

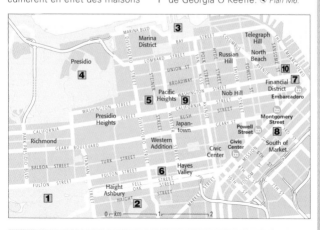

Gauche **Gumps** Droite **Embarcadero Center**

TOP10 Boutiques et centres commerciaux

1 Gumps

Fondé en 1861 par des immigrants allemands, ce grand magasin est une institution. Il propose la plus riche sélection de porcelaine et de verrerie des États-Unis, dont de grandes marques, comme Baccarat et Lalique. Il est en outre réputé pour ses objets orientaux, ses œuvres d'art et le raffinement de ses vitrines. ✪ *135 Post St • plan P4.*

2 Nordstrom

Surnommé le « magasin dans le ciel », ce temple du prêt-à-porter occupe les cinq derniers étages d'un centre commercial étincelant. Un personnel impeccable, un large choix et une ambiance raffinée créée par un pianiste entretiennent son succès. ✪ *San Francisco Shopping Center, 865 Market St • plan Q4.*

3 Neiman Marcus

Cette enseigne offre peut-être le plus haut du haut de gamme. Elle domine Union Square depuis l'emplacement privilégié occupé jadis par le City of Paris, un immeuble construit dans les années 1890.
Le bâtiment moderne actuel en a conservé l'immense verrière en vitrail. Neiman affirme pouvoir vous procurer tout ce que vous désirez, jusqu'à un jet privé ou des éléphants. ✪ *150 Stockton St • plan P4.*

4 Saks Fifth Avenue

Depuis plusieurs décennies, Saks figure parmi les grands noms du luxe, et cette succursale fait honneur à la maison mère new-yorkaise. Vous trouverez ici la plupart des griffes internationales de premier plan. ✪ *384 Post St • plan P4.*

5 Macy's

Ce grand magasin à l'ancienne propose désormais des articles dans toutes les gammes de prix. Il ne s'est pas converti au bas de gamme, mais n'essaie simplement plus de concurrencer ses voisin chic. ✪ *170 O'Farrell St • plan P4.*

6 Crocker Galleria

Les architectes de cette galerie marchande, aménagée dans les années 1980, ont réemployés des éléments d'un immeuble de bureaux ancien. Elle s'organise autour d'une place centrale protégée par une verrière spectaculaire. Des boutiques variées, des cafés et des restaurants occupent trois niveaux. ✪ *50 Post St • plan P5.*

Nordstrom

Comment acheter à San Francisco **p.140**

Crocker Galleria

7 Embarcadero Center
Quatre gratte-ciel, occupés principalement par des bureaux, abritent aux étages inférieurs et sur le front de mer 125 restaurants, cafés et boutiques, du marchand de journaux à Gap. Il s'agit surtout de succursales de chaînes. ✪ *Embarcadero et Battery, Sacramento St et Clay St • plan N6.*

8 Ghirardelli Square
Plus de 70 restaurants et commerces ont fait de cette ancienne chocolaterie l'un des lieux les plus fréquentés de Fisherman's Wharf. Les articles proposés vont du tee-shirt souvenir aux bijoux *(p. 12).* ✪ *900 North Point St • plan K1.*

9 Metreon
La vitrine san-franciscaine de Sony est un paradis techno-logique pour les plus jeunes *(p. 59).* ✪ *101 4th St • plan Q4.*

10 San Francisco Shopping Center
Le principal centre commercial de la ville renferme plus de 100 magasins sur neuf niveaux, dont Nordstrom, son joyau. ✪ *865 Market St • plan Q4.*

Rues et quartiers commerçants

1 Union Square
Haut lieu du luxe avec des marques comme Tiffany & Co, Armani, Prada, Cartier, Yves Saint Laurent et Chanel, entre autres *(p. 84).*

2 Union Street
Un charmant assortiment de boutiques, de librairies, d'antiquaires et de restaurants occupe des maisons victoriennes reconverties *(p. 99).*

3 Grant Avenue
Proches d'Union Square, les quatre pâtés de maisons les plus au sud abritent des boutiques de luxe. Les commerces exotiques de Chinatown leur succèdent. ✪ *Plan N4.*

4 Upper Fillmore Street
Cafés, restaurants et magasins s'adressent à la clientèle fortunée de Pacific Heights. ✪ *Plan E2.*

5 Market Street
On vient ici en quête d'électronique à prix réduits et de vêtements sans prétention. ✪ *Plan Q3.*

6 Hayes Valley
Une touche d'avant-garde marque les vitrines *(p. 100).*

7 Chestnut Street
Du prêt-à-porter, des aliments biologiques et un vieux cinéma. ✪ *Plan K1.*

8 The Mission
Un large choix de soldeurs et d'objets amusants pour la maison *(p. 108).*

9 Castro Street
La rue commerçante de la communauté gay *(p. 107).*

10 Haight Street
L'ancien quartier hippie abonde toujours en boutiques de fripes, de livres et d'articles ésotériques *(p. 100).*

Gauche **Jack London** Droite **Dashiell Hammett**

Écrivains

1 Jack London

Jack London (1876-1916) grandit à Oakland, puis participa à la ruée vers l'or dans le Klondike, une aventure qui lui inspira ses romans *Croc-Blanc* et *L'Appel de la forêt*. Une reconstruction de la cabane en rondins, où il vivait pendant qu'il prospectait, abrite une collection de souvenirs. Les inégalités sociales dont il souffrit pendant son enfance, alors que San Francisco était en plein essor économique, ont marqué toute son œuvre.

2 Dashiell Hammett

L'auteur du *Faucon maltais* résida à San Francisco de 1921 à 1929, et les collines embrumées de la ville fournirent un cadre idéal à ses histoires policières. Hammett (1884-1961) travailla quelque temps pour la Pinkerton Detective Agency et il utilisa cette expérience professionnelle pour créer le personnage de Sam Spade, archétype du détective privé incorruptible.

3 Gertrude Stein et Alice B. Toklas

Gertrude Stein (1874-1946), élevée à Oakland, et Alice Toklas (1877-1967), de San Francisco, appartenaient toutes les deux à la bourgeoisie juive, qui joua un rôle clé dans la vie culturelle de la cité. Elles émigrèrent néanmoins à Paris où elles fréquentèrent, entre autres, Picasso et Hemingway.

4 Jack Kerouac

Jack Kerouac (1922-1969) arriva de New York en 1947. Avec ses amis « beatniks », selon le terme inventé par un journaliste du *San Francisco Chronicle*, tels Neal Cassady et Allen Ginsberg, il prit pour quartier général la librairie du poète Lawrence Ferlinghetti, dans le quartier de North Beach *(p. 38)*. Son roman *Sur la route* (1957) galvanisa toute une génération.

5 Allen Ginsberg

Allen Ginsberg (1926-1997) fit en 1955 la première lecture publique de son poème *Howl (Hurlement)*, dans lequel il assumait son homosexualité et sa quête d'une intensité et d'une vérité sans tabou. Publiée en 1956, et attaquée pour obscénité, l'œuvre ouvrit la voie aux mouvements de libération qui marquèrent toute la deuxième moitié du XXe s.

Jack Kerouac

 Visite guidée inspirée des Chroniques de San Francisco (Tales of the City) *:* (415) 648-7758.

Armistead Maupin

San Francisco au cinéma

1 San Francisco
Avec Clark Gable et Jeannette MacDonald, ce film de 1936 évoque le séisme de 1906 (W. S. Van Dycke).

6 Armistead Maupin
Les *Chroniques de San Francisco* parurent en épisodes dans le *San Francisco Chronicle* avant d'exister sous forme de romans. Elles décrivent avec tendresse le parcours de quelques personnages emblématiques du San Francisco gay.

2 Le Faucon maltais
Le Bay Bridge a quatre ans et apparaît dans ce film de J. Huston, avec Humphrey Bogart en Sam Spade (1941).

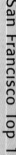

3 Les Passagers de la nuit
Humphrey Bogart et Lauren Bacall enquêtent dans le San Francisco de 1947 (D. Daves).

7 Alice Walker
Avec son roman *La Couleur pourpre* (1985), cette féministe afro-américaine apporta un nouvel éclairage à l'histoire des Noirs aux État-Unis.

4 Sueurs froides
Une scène de ce classique d'Alfred Hitchcock (1958) se déroule sous le Golden Gate Bridge.

8 Wallace Stegner
Professeur de création littéraire à Stanford, Stegner remporta le prix Pulitzer en 1972 avec *Angle d'équilibre*.

5 Bullitt
La poursuite en voiture sur les collines reste dans toutes les mémoires (P. Yates, 1968).

6 L'Inspecteur Harry
En 1971, la cité des brumes inspira cette aventure policière de D. Siegel.

9 Amy Tan
Avec la publication du *Club de la chance* en 1989, la communauté chinoise de San Francisco trouva enfin sa voix. Le roman révélait les conflits entre transmission de la tradition et aspiration à une nouvelle vie.

7 L'Invasion des profanateurs
Dans ce remake de 1978 d'un classique des années 1950, Donald Sutherland incarne l'ultime survivant d'une invasion extraterrestre (P. Kaufman).

8 The Woman in Red
Ce remake, par Gene Wilder, de *Nous irons tous au paradis* date de 1984.

10 Danielle Steele
Ses romans à l'eau de rose ont bénéficié d'un tel succès international que Danielle Steele possède la plus belle demeure de Pacific Heights (*p. 99*).

9 Basic Instinct
Sharon Stone et Michael Douglas empruntent le Golden Gate Bridge dans ce film de 1992 de P. Verhoeven.

10 Mrs Doubtfire
Le Golden Gate Park joue un rôle dans cette comédie de 1993 (C. Columbus).

Wallace Stegner eut comme étudiant un certain Ken Kesey, le futur auteur de Vol au-dessus d'un nid de coucou.

Gauche **Joshua Abraham Norton** Centre **Joan Baez** Droite **Willie Brown**

TOP 10 **Personnages célèbres**

1 Sally Sanford
Le Chart House Restaurant occupe à Sausalito l'emplacement de l'ancienne maison close de Sally Sanford (1903-1982), qui devint maire honoraire du village. Depuis la ruée vers l'or, San Francisco a toujours été d'une grande tolérance en ce qui concerne la sexualité.

2 Joshua Abraham Norton
Né en 1819, Norton fit fortune à San Francisco, puis connut brutalement la ruine en 1952. L'événement le laissa mentalement déséquilibré mais inoffensif, et il se déclara « empereur des États-Unis et protecteur du Mexique ». Il émit sa propre monnaie et conserva l'affection de la population jusqu'à sa mort en 1880.

3 Jello Biafra
Le chanteur du groupe de punk rock Dead Kennedys fut candidat à la mairie de

Jello Biafra et The Dead Kennedys

San Francisco en 1979. Il avait choisi son pesudonyme pour le choc créé par la juxtaposition de l'appellation d'un dessert en gelée, « incarnation de l'insipidité américaine », et d'un nom devenu un symbole universel de la famine. Son programme prévoyait d'imposer aux hommes d'affaires le port d'un costume de clown au bureau. Il obtint 3,5 % des voix, ce qui le plaçait en quatrième position sur dix candidats.

4 Sister Boom-Boom
L'une des premières Sisters of Perpetual Indulgence, un « ordre de religieuses gay » avec lequel elle fit du théâtre de rue au tournant des années 1980, Sister Boom-Boom obtint 23 125 voix lorsqu'elle fut candidate à un siège au conseil des superviseurs. Astrologue, elle étudie les questions se posant à la communauté homosexuelle, en tirant parti des techniques d'interprétation « new age ».

5 Melvin Belli
Surnommé le « roi des préjudices », l'avocat Melvin Belli eut une carrière flamboyante au service de grandes sociétés et de clients souvent célèbres ou controversés, dont Errol Flynn, Jim et Tammy Faye Bakker, Lana Turner, Mae West, Muhammad Ali et Jack Ruby. Il mourut en 1996 à l'âge de 88 ans, quelques mois seulement après avoir déclaré son cabinet en faillite.

6 Joan Baez

Née à Palo Alto et surnommée « la Voix » dans sa jeunesse, quand elle était la compagne de Bob Dylan, cette chanteuse engagée des années 1960 a plus tard révélé son homosexualité, et continué à militer pour la paix et la justice sociale. Elle est récemment remontée sur les planches pour incarner un personnage de cabaret : la Contessa ZinZanni.

7 Mrs. Madrigal

Olympia Dukakis incarna ce personnage des *Chroniques de San Francisco* dans la mini-série télévisée basée sur les livres d'Armistead Maupin *(p. 53)*. Anna Madrigal est une logeuse transsexuelle qui loue des appartements à des célibataires, hétérosexuels et homosexuels, et s'occupe de ses plants de marijuana et de ses charges avec la même sagesse et la même spiritualité.

8 Francis Ford Coppola

Né à San Francisco, le réalisateur du *Parrain* y a installé le siège de sa société de production : Zoetrope. Le Niebaum-Coppola est un des meilleurs domaines viticoles de Napa Valley.

9 Herb Caen

Après près de 60 ans de chroniques, l'inventeur du mot « beatnik » reste « Mr. San Francisco » pour nombre de ses anciens lecteurs.

10 Willie Brown

Le premier maire afro-américain de San Francisco est réputé pour ses manières de bon vivant. Elles n'ont jamais nui à sa popularité et la ville a prospéré sous son administration.

Figures des années 1960

1 Janis Joplin

Cette chanteuse du Texas devint la reine du « San Francisco sound » jusqu'à sa mort d'une overdose d'héroïne.

2 Ken Kesey

Cet auteur puissant joua un rôle essentiel au début du mouvement hippie avec son « bus magique ».

3 Jerry Garcia

Le leader des Grateful Dead continua à donner des concerts avec son groupe jusqu'à sa mort en 1995.

4 Mario Savio

Cet étudiant de l'université de Berkeley lança le Free Speech Movement.

5 Owsley Stanley

Le plus célèbre fournisseur de LSD des années 1960.

6 Grace Slick

Cette autre reine du « San Francisco sound » appartenait au groupe Jefferson Airplane.

7 Huey Newton

Avec Bobby Seale, il fonda le Black Panthers Party en 1966 à Oakland.

8 Patty Hearst

Enlevée par la Symbionese Liberation Army en 1974, l'héritière du magnat de la presse se convertit et participa à un cambriolage.

9 Jim Jones

En 1978, le chef de la secte de Fillmore District appelée « Temple du Peuple » se suicida au Guyana avec plus de 900 de ses disciples.

10 Charles Manson

Avec le petit groupe de personnes qu'il subjuguait, ce chanteur raté assassina l'actrice Sharon Tate, la femme de Polanski, en 1969.

Gauche **Louise M. Davies Symphony Hall** Droite **War Memorial Opera House**

Spectacles

1 War Memorial Opera House et San Francisco Ballet

La saison de la San Francisco Opera Company dure de juin à janvier. L'opéra accueille également la plupart des représentations de l'excellent San Francisco Ballet, l'une des plus vieilles compagnies de danse du pays *(p. 84)*. 🔊 *301 Van Ness Ave • plan R1 • (415) 864-3330.*

2 Louise M. Davies Symphony Hall

Le San Francisco Symphony Orchestra, dirigé par Michael Tilson Thomas, donne des concerts de septembre à mai dans cette salle de 2 700 places à l'acoustique très étudiée. Avec sa façade de verre, ce bâtiment de 1980 fait partie du Civic Center et suscite autant d'engouement que de détestation chez les habitants de la ville. Un bronze de Henry Moore met en valeur sa situation à un angle de rue et a lui aussi ses détracteurs. 🔊 *201 Van Ness Ave • plan R1 • (415) 864-6000.*

San Francisco Symphony Orchestra

3 Masonic Auditorium

Cet ancien temple franc-maçon, comme le rappelle la décoration de l'intérieur et de l'extérieur par des mosaïques illustrant des principes philosophiques, date de 1957. Sa salle de 3 000 places accueille des concerts de jazz, des conférences et des lectures, ainsi que des conventions et des séminaires. 🔊 *1111 California St • plan N3 • (415) 776-4702.*

4 Curran Theater

Ce théâtre, édifié en 1922, bénéficie du statut de *National Historic Landmark*. Un grand lustre, des peintures murales, des dorures et des boiseries composent le décor majestueux de l'intérieur. La programmation est essentiellement constituée de succès de Broadway, comme *Les Misérables*. 🔊 *445 Geary St • plan P3 • (415) 551-2000.*

5 Golden Gate Theater

Construit au début des années 1920 dans un style marqué d'influences mauresques, cet ancien cinéma propose principalement des pièces de Broadway en tournée. 🔊 *1 Taylor St • plan Q3 • (415) 551-2000.*

6 Herbst Theater

Au cœur du War Veterans Memorial Building, huit grandes peintures exécutées pour la Panama-Pacific Exposition de 1915 parent les murs de la plus petite des principales salles de

Réservez le plus tôt possible votre place pour les spectacles les plus courus.

Orpheum

San Francisco. Elle possède un programme varié de conférences, de concerts et de spectacles de cabaret, de théâtre et de danse.
◉ Veterans' Memorial Building, 401 Van Ness Ave • plan Q1 • (415) 392-4400.

7 Orpheum
Décoré dans le sytle néo-mauresque en vogue dans les années 1920, l'Orpheum fut d'abord un music-hall, puis un cinéma. Il accueillit la première représentation sur la Côte Ouest de la comédie musicale *Hair*, rebaptisée localement « la version new-yorkaise de ce qui s'est passé ici à San Francisco ». Aujourd'hui, on y joue surtout des productions de Broadway.
◉ 1192 Market St • plan R2 • (415) 551-2000.

8 American Conservatory Theater (ACT)
Fondée dans les années 1960, la plus importante compagnie théâtrale de la ville jouit d'une réputation internationale et possède une remarquable unité de formation. Denzel Washington, Annette Bening et Winona Ryder y ont été élèves. ◉ Geary Theater, 415 Geary St • plan P3 • (415) 749-2228.

9 Magic Theater
Dans les années 1970, Sam Shepard était auteur à demeure au Magic Theater. Des célébrités comme Sean Penn et Nick Nolte se sont produites sur sa scène. Il a pour spécialité les créations de pièces contemporaines, et il organise des lectures d'œuvres qui n'ont pas encore été mises en scène. ◉ Fort Mason Center, Bldg D • plan F1 • (415) 441-8822.

10 Beach Blanket Babylon
Véritable institution san-franciscaine, ce spectacle musical et humoristique, réputé pour les chapeaux extravagants des interprètes, fait salle comble depuis plus d'un quart de siècle. Les sketches constamment renouvelés tournent en ridicule diverses notabilités, locales ou non, qui, pour la plupart, méritent ces taquineries bon enfant. Le Club Fugazi date de 1912. ◉ Club Fugazi, 678 Green St • plan L4 • (415) 421-4222.

Gauche **Aire de jeu du Golden Gate Park** Droite **Exploratorium**

Top 10 Avec les enfants

1 Exploratorium
Ce musée propose aux enfants – et aux adultes – des centaines d'expériences permettant de découvrir concrètement les grands principes scientifiques, depuis l'électricité jusqu'aux illusions d'optique. Il a pour fleuron le Tactile Dome, un espace plongé dans l'obscurité la plus totale, où le visiteur progresse en tâtant des objets et des textures sélectionnés pour stimuler son sens du toucher (p. 94).

Crazy Castle, San Francisco Zoo

2 San Francisco Zoo
Le zoo de San Francisco n'est ni le plus grand ni le plus riche du monde, mais il est particulièrement distrayant pour des enfants, dans son aménagement comme dans les expositions qui leur sont spécialement consacrées. Elles comprennent une ferme dont il peuvent approcher les pensionnaires, la découverte des petits nés sur place (parfois des gorilles, des léopards des neiges ou des rhinocéros), un « zoo d'insectes » et un « *natural trail* » traversant un habitat peuplé de petits mammifères, oiseaux, reptiles et amphibiens. Les repas des animaux ont aussi beaucoup de succès (p. 116).

3 Aquariums
Au cœur du Golden Gate Park, le Steinhart Aquarium fait partie de la California Academy of Sciences (p. 22-23). Dans des couloirs plongés dans la pénombre, certaines des créatures les plus étranges de la nature s'ébattent derrière des parois vitrées. La Touching Tidal Pool offre aux enfants un rapport plus intime avec quelques habitants des flaques côtières. Au Fisherman's Wharf, les visiteurs d'UnderWater World empruntent des tunnels transparents au milieu d'un habitat sous-marin (p. 13).

4 Zeum
Dans le cadre du Yerba Buena Center, Zeum propose aux jeunes gens de 5 à 18 ans de nombreuses activités de loisirs et de création. Il comprend, entre autres, un manège de chevaux de bois, un labyrinthe, des ateliers d'art, des lieux d'exposition et un studio où enregistrer leurs propres productions vidéo (p. 28).

Alcatraz

5 Randall Museum

Dominant la ville depuis le Corona Heights Park, ce petit complexe recueille des animaux qu'une blessure ou la captivité ont rendu incapables de survivre dans la nature. Il organise en outre des ateliers variés, notamment de menuiserie, de poterie, de peinture, de théâtre, de photographie et de jardinage. Ils ont pour but d'apprendre aux enfants à respecter leur environnement en développant leurs talents. ◈ 199 Museum Way, Roosevelt Way, Buena Vista • plan E4 • ouv. mar.-sam. 10h-17h • EG.

6 Alcatraz

Bien que les plus jeunes puissent trouver l'endroit un peu effrayant, le pénitencier du « Rocher » parle à l'imaginaire des enfants d'un certain âge, surtout les garçons. L'aspect sauvage de l'île et le trajet en vedette dans la baie ajoutent à l'intérêt de la visite (p.14-17).

7 Bay Area Discovery Museum

De manière interactive, ce musée aide les moins de dix ans à mieux comprendre et connaître leur environnement grâce, entre autres, à un tunnel sous-marin, un atelier d'art, des laboratoires scientifique et technique, le « Labyrinthe des illusions » et une médiathèque. ◈ 557 McReynolds Rd, Sausalito • ouv. mar.-ven. 9h-16h, sam.-dim. 10h-17h • AH • EP.

8 Aire de jeu du Golden Gate Park

Dans l'angle sud-est du parc, elle abrite un manège de chevaux de bois, une maison dans les arbres et des balançoires et toboggans. Des spectacles de marionnettes ont souvent lieu en été (p. 20-23).

9 Angel Island State Park

L'« île des anges » offre le cadre idéal à une sortie d'une journée en famille. On peut y pique-niquer, se baigner, faire du kayak, camper ou participer à une visite en tram avec un guide, qui signale les éléments historiques datant de l'époque où le site abritait un centre de transit des immigrants (p. 93).

10 Metreon

Sony pensait créer le centre commercial du troisième millénaire : un lieu associant galerie marchande, parc d'attractions et vitrine technologique. Seul le splendide complexe multisalles a jusqu'ici connu un réel succès. Il possède un équipement de sonorisation à la pointe de la sophistication. Les salles où les écrans des tout derniers jeux d'arcade luisent dans la pénombre n'ont pas vu déferler les nuées d'adolescents attendues par les initiateurs du projet (p. 29).

Angel Island State Park

Gauche **Divisadero** Droite **Twin Peaks**

🔟 Routes panoramiques

1 49-Mile Drive
Ce parcours touristique de 79 km forme une boucle et traverse tous les quartiers les plus intéressants de la ville. Des panneaux portant une mouette blanche sur fond bleu le jalonnent, mais ils se révèlent parfois difficiles à suivre tout en surveillant la circulation. Mieux vaut se munir du plan disponible au Visitors Information Center de Market Street *(p. 132)*.

Panneau du 49-Mile Drive

2 Mount Tamalpais
La route menant au sommet du « Mount Tam » mérite son titre de Panoramic Highway, car elle ménage tout au long du trajet des vues spectaculaires des Marin Headlands, côtés baie et océan. Au plus haut se déploie un large panorama de Bay Area *(p. 124)*.

3 Conzelman Road
Jalonnée par les fortifications des installations militaires qui surveillaient jadis la côte occidentale de la Californie, cette route s'accroche aux falaises de la pointe sud des Marin Headlands. Elle offre une vue justement célèbre du Golden Gate Bridge et des gratte-ciel de San Francisco qui se dressent en arrière-plan. ✪ *Marin County*.

4 Twin Peaks
Le Twin Peaks Boulevard fait le tour du haut de ces deux collines jumelles. Leur sommet ménage un panorama de 360° de la ville à l'est, de la baie au nord, de l'océan à l'ouest, et des vallées au sud *(p. 107)*.

5 The Great Highway
Cette route côtière rectiligne relie Cliff House, au nord, à la célèbre Highway 1. Taillée à flanc de rocher, celle-ci passe par Half Moon Bay, Santa Cruz, Monterey, Carmel et Big Sur… Et s'achève au Mexique. ✪ *Plan A4*.

6 Divisadero
Cette rue traverse une grande partie du centre-ville et offre de belles vues de la baie. Elle part de Duboce Street, au sud, puis s'élève, après la Geary Expressway, parmi de riches demeures. ✪ *Plan E4*.

7 Berkeley Hills et Oakland Hills
Les collines de Berkeley et d'Oakland se prolongent mutuellement et recèlent de beaux parcs, tel le Redwood Regional Park. Skyline Boulevard dessert la majeure partie de cette zone de crêtes dotée d'aires de pique-nique. ✪ *Hwy 24*.

8 Skyline Drive

En prenant cette route bucolique (Highway 35) au Lake Merced *(p. 117)*, on peut suivre jusqu'à Santa Cruz l'arête dorsale boisée de la péninsule, une immersion en pleine nature à seulement quelques minutes des zones urbaines de la baie.

9 La Honda Road et Old La Honda Road

Depuis la paisible ville de Portola Valley, derrière Stanford University *(p. 125)*, ces deux routes pittoresques et sinueuses grimpent jusqu'au Skyline Drive. Elles sont parfois très étroites et obligent à rouler lentement, mais la beauté des forêts n'incite pas à la hâte.

10 Highway 9 et Big Basin State Park

Cette région de montagnes peu abruptes a presque entièrement échappé à l'urbanisation. La principale bourgade, Boulder Creek, évoque une petite ville du Far West avec ses boutiques d'artisanat et ses commerces destinés principalement à la population locale.

Highway 1, depuis Great Highway

Collines décoiffantes

1 Lombard Street
La « rue la plus tortueuse du monde » offre, dans la descente, une vue ravissante de North Beach. ✪ *Plan L1.*

2 Sommet de Divisadero
La partie la plus spectaculaire de Divisadero franchit le point culminant de Pacific Heights. ✪ *Plan E2.*

3 Twin Peaks
Le panorama qui se déploie au sommet donne l'impression de survoler la ville en hélicoptère. ✪ *Plan E6.*

4 Gough entre Jackson et Washington
L'ascension fait se dresser les cheveux sur la tête : la pente est *très* raide. ✪ *Plan F2.*

5 Sacramento sur Nob Hill
Prenez le bus et écoutez le moteur peiner au cours de la longue montée. ✪ *Plan N3.*

6 Noe à 21st Street
Sur les hauteurs bordant les quartiers de Castro, Noe Valley et Mission, cette rue incroyablement abrupte provoquera aussi quelques frissons. ✪ *Plan F5.*

7 Potrero Hill
Prenez Wisconsin Street à 20th Street pour un aperçu des sensations éprouvées en chute libre *(p. 109).*

8 Corona Heights Park
Sentiers de randonnée et vues spectaculaires. ✪ *Plan E4.*

9 Russian Hill
Une promenade très agréable et de belles vues de Fisherman's Wharf. ✪ *Plan M2.*

10 Filbert Street
La descente, entre Hyde et Leavenworth, donne l'impression de s'envoler. ✪ *Plan L2.*

Gauche **Rubicon** Droite **The Dining Room, Ritz-Carlton Hotel**

Top 10 Restaurants

1 The Dining Room au Ritz-Carlton Hotel

On peut y déguster une des cuisines les plus abouties de la ville. Un personnel à la prévenance stylée et un cadre discrètement raffiné aident à l'apprécier pleinement. Si vous décidez de vous offrir une soirée gastronomique dans ce temple du luxe, songez à réserver *(p. 91)*.

2 Kokkari Estiatorio

Il règne une ambiance animée dans cette taverne grecque haut de gamme, où l'on pourrait se croire quelque part en mer Égée. Ne manquez pas l'assortiment d'amuse-gueules, et ses préparations variées et délicieuses à étaler sur la pita.
⊗ *200 Jackson St sur Front • plan M6 • (415) 981-0983 • AH • $$$.*

3 Rubicon

Dans le Financial District, les créations franco-californiennes du Rubicon ne manquent jamais de ravir une clientèle fidèle. La carte des vins, la présentation recherchée et le service se montrent à la hauteur *(p. 91)*.

4 Taqueria Cancun

Les habitants du quartier se retrouvent ici entre habitués pour déguster d'exellentes spécialités mexicaines bon marché, notamment des tortillas grillés avec une sauce très épicée. ⊗ *2288 Mission St sur 19th • plan F5 • (415) 252-9560 • pas de cartes de paiement • AH • $.*

5 Greens

L'ouverture du Greens, au bord de l'océan, a suivi le succès rencontré par la boulangerie Zen et son salon de thé. Des plats copieux, savoureux et inventifs ont aujourd'hui établi ce restaurant végétarien comme une référence dans tout Bay Area *(p. 97)*.

6 Delfina

Les mets proposés dans cet établissement au décor un peu austère relèvent de ce que l'on pourrait appeler la « nouvelle cuisine italienne ». S'ils figurent à la carte le soir où vous dînez, essayez les gnocchis aux petits pois et aux morilles.
⊗ *3621 18th St, entre Dolores et Guerrero • plan F5 • (415) 552-4055 • fermé le midi • AH • $$.*

Delfina

Catégories de prix **p. 91**

7 LuLu
La piazza del Campidoglio dessinée par Michel-Ange a inspiré le décor, et la grande rôtissoire et le four alimentés au bois de chêne ne dépareraient pas une *trattoria* romaine. L'atmosphère est détendue, et la cuisine méditérranéenne sans prétention. ✆ 816 Folsom St • plan R5 • (415) 495-5775 • AH • $$$.

Thon ahi

8 Aqua
Réputé pour son tartare de thon *ahi*, l'Aqua propose de somptueuses spécialités de poisson dans un cadre raffiné. ✆ 252 California St • plan N6 • (415) 956-9662 • ferm. dim. • AH • $$$$$.

9 Foreign Cinema
On vient ici dîner dans la cour intérieure en regardant de vieux films projetés sur un immeuble voisin. Les mets sont délicieux, et le bar à huîtres et le brunch du dimanche dans le patio très populaires. ✆ 2534 Mission St • plan F5 • (415) 648-7600 • AH • $$.

10 Royal Thai
Ce très bon restaurant thaïlandais propose des plats parfumés, aux ingrédients d'une grande fraîcheur, mais très pimentée. ✆ 610 3rd St sur Irwin, San Rafael • Hwy 101 • (415) 485-1074 • AH • $$.

Dîner dans un cadre romantique

1 Garden Court
Une verrière en vitraux et des colonnes en marbre composent un décor luxueux. ✆ Sheraton Palace Hotel, 2 New Montgomery St • plan P5 • (415) 546-5089 • AH • $$$.

2 Cliff House
Dans un cadre sauvage, contemplez le déferlement des vagues (p. 115).

3 Acquerello
Les Italiens prétendent que la truffe prend ici des vertus aphrodisiaques. ✆ 1722 Sacramento St • plan N1 • (415) 567-5432 • $$$$.

4 Gaylord India
Épices sensuelles et vue de la baie (p. 97).

5 Boulevard
Savourez une cuisine inventive dans un décor Belle Époque (p. 113).

6 Caffè Centro
Un lieu très apprécié des jeunes couples (p.113).

7 Chenery Park
En prenant une table près d'une fenêtre, on profite du spectacle de la rue. ✆ 683 Chenery St • plan F6 • (415) 337-8537 • AH • $$.

8 Alta Mira
L'une des plus belles vues de la baie. ✆ 125 Bulkley St, Sausalito • Hwy 101 • (415) 332-1350 • $$.

9 Lark Creek Inn
Le jardin est très agréable (p. 129).

10 Chez Panisse
Les ingrédients sont biologiques et il faut réserver des semaines à l'avance. ✆ 1517 Shattuck Ave, Berkeley • Hwy 80 • (510) 548-5525 • AH • $$$$.

Gauche **Caffè Trieste** Droite **Café Flore**

10 Cafés

1 Café Claude
Le propriétaire a acheté un café parisien, Le Barbizon, et l'a transporté en pièces détachées pour le remonter dans une ruelle près d'Union Square. Les francophiles s'y retrouvent pour faire revivrre la Rive gauche. Une cuisine de bistrot et des serveurs bourrus ne déparent pas l'ambiance. Des concerts de jazz animent les week-ends.
◈ 7 Claude Lane entre Grant et Kearny, Sutter et Bush • plan P4 • AH.

2 Caffè Trieste
Si ses traditions italiennes et son passé littéraire et artistique vous intéressent, ne manquez surtout pas cette institution de North Beach lorsque vous visiterez le quartier. C'est l'endroit idéal pour déguster une boisson chaude en regardant les gens passer,
ou en consultant les journaux mis à disposition (p. 90).

Café Claude

3 Steps of Rome
De nombreux cafés italiens, souvent remplis d'Italiens, bordent cette section de Columbus. Celui-ci possède de grande fenêtres, généralement ouvertes, et la clientèle empiète sur le trottoir pour contempler le spectacle offert par la rue. Le café et les desserts sont bons et on peut venir y combler un petit creux jusqu'à 2 h du matin avant de rejoindre un des clubs du voisinage. ◈ 348 Columbus Ave entre Broadway et Vallejo • plan M4.

4 South Park Café
Le South Park Café domine le petit parc de SoMa apprécié des membres de l'élite numérique. On peut y passer une heure ou deux à profiter de l'atmosphère détendue et d'une cuisine française, en jouissant de la certitude de vous trouver dans un lieu branché. ◈ 108 South Park St entre 2nd et 3rd • plan H3 • AH.

5 Brainwash
Le Brainwash fait à la fois bar, café et laverie automatique, tout ce dont ont besoin les jeunes gens qui habitent en appartement dans cette partie industrielle de SoMa. Il attire une clientèle de San-Franciscains branchés, gays et hétéros, et la carte offre le choix entre des sandwichs, des salades et des plats internationaux comme une assiette moyen-oriental ou une quesadilla au poulet.
◈ 1122 Folsom St sur 7th • plan R3 • AH.

Brainwash

6 Atlas Café
Ce café bon marché sert aussi de la bière à la pression et des plats végétariens. Des musiciens acoustiques se produisent le jeudi soir et le samedi après-midi. ✪ 3049 20th St sur Alabama • plan G5 • AH.

7 Café Flore
Avec son décor chaleureux et ses tables en patio, le Flore est devenu une institution de la communauté homosexuelle (p. 69). ✪ 2298 Market St sur Noe • plan F5 • AH.

8 Truly Mediterranean
Ce petit établissement moyen-oriental ne possède que quelques tables, mais c'est un bon endroit où acheter de quoi pique-niquer au Golden Gate Park. ✪ 3109 16th St • plan F5 • AH.

9 Galette
À Pacific Heights, vous pourrez ici accompagner une crêpe au sarrasin d'une bière belge. ✪ 2043 Fillmore St entre California et Pine • plan E3 • AH.

10 Papa Toby's Revolution Café and ArtBar
Les habitués apprécient les bières de micro-brasserie, et d'excellentes pâtisseries. ✪ 3248 22nd St sur Bartlett • plan F5.

Prendre un brunch le dimanche

1 Dottie's True Blue Café
Dans le quartier de Tenderloin, il vous faudra faire la queue pour un petit déjeuner américain. ✪ 522 Jones St • plan P3 • AH.

2 Sears Fine Food
Cette institution d'Union Square est réputée pour ses silver-dollar pancakes (p. 91).

3 Ella's
L'Ella's a pour spécialités le hachis de poulet et les pancakes à la banane. ✪ 500 Presidio Ave • plan E3 • AH.

4 Mama's on Washington Square
Le meilleur pain perdu de la ville. ✪ 1701 Stockton St • plan L4 • AH.

5 Miss Millie's
Ne manquez pas les petits pains à la cannelle. ✪ 4123 24th St • plan E6 • AH.

6 It's Tops Coffee Shop
Ce diner doit sa réputation à ses flapjacks (petites crêpes épaisses). ✪ 1801 Market St • plan F4.

7 Kelly's Mission Rock
Contemplez l'ancien port de SoMa en dégustant des plats à base d'œuf. ✪ 817 China Basin • plan H4 • AH.

8 Kate's Kitchen
Les portions sont généreuses. Essayez l'« orgie de pain perdu » (french toast). ✪ 471 Haight St • plan F4 • AH.

9 Chloe's Café
Des pancakes à la banane ou à la noix de pécan. ✪ 1399 Church St sur 26th • plan F6.

10 The Depot
Une ancienne gare abrite un café et une librairie. ✪ 87 Throckmorton Ave, Mill Valley, Marin County • AH.

San Francisco Top 10

 Le week-end, plusieurs compagnies proposent des croisières avec brunch au champagne. Renseignements au (415) 788-9100.

Gauche **Vesuvio** Droite **Bohemia Bar and Bistro**

Bars

1 Bubble Lounge
Sur la place historique de Jackson Square, cet établissement huppé propose plus de 300 sortes de mousseux dans plusieurs salles. La principale possède un décor très réussi, dans un style confortable et traditionnel *(p. 90)*.

2 Bohemia Bar and Bistro
Les clients de cet immense bar sur deux niveaux peuvent se distraire en jouant au flipper, au billard, au ping pong ou au baby-foot, ou simplement se détendre sur des canapés. La musique varie beaucoup selon le DJ. Il y a aussi des juke-box. ◐ *1624 California St entre Polk et Van Ness • plan N1 • AH.*

3 Vesuvio
Apprécié par la bohème du quartier du temps des beatniks, puis des hippies, le Vesuvio n'a rien renié de ces époques utopiques et a conservé des vitraux et un décor psychédélique. Remarquez les

Bubble Lounge

souvenirs, littéraires notamment, sur les murs. Un étroit balcon offre un bon point d'observation. ◐ *255 Columbus Ave • plan M4.*

4 22o2 Oxygen Bar
Cet établissement veille sur la santé de ses clients, invités à inhaler de l'oxygène mêlé à des essences aromathérapeutiques, et à choisir entre six cocktails de plantes médicinales et de jus de fruit ayant des effets allant de la relaxation au renforcement de la libido. Le mardi et le jeudi soir, des chefs réputés proposent des repas d'aliments crus. ◐ *795 Valencia St sur 19th • plan F5 • AH.*

5 Mecca
Dans cet espace industriel réaménagé avec goût, les plus beaux hommes de Castro, le quartier gay de la ville, se retrouvent au bar circulaire paré de tentures de velours et de mousseline rouges. C'est aussi une boîte de nuit où l'on peut dîner. ◐ *2029 Market St • plan F4 • AH.*

6 Edinburgh Castle Pub
Ce pub écossais des plus animés, où ne manquent ni les fléchettes ni le billard, possède un service de livraison de fish'n'chips et accueille des groupes de rock. ◐ *950 Geary St • plan P2.*

7 Hush Hush Lounge
Ce bar de Mission se transforme en discothèque le soir venu. La piste de danse est pratiquement inexistante,

Mecca

mais les habitués adorent cette sensation partager un secret. Essayez de vous emparer d'un box pour vous retrouver vraiment dans l'ambiance. La musique est extrêmement éclectique : soul, country, jazz, cabaret, blues, lounge, funk et disco.
◉ *496 14th St • plan F4 • AH.*

8 Ruby Skye
Un ancien théâtre victorien a été transformé en un night-club, bar et restaurant high-tech dont le décor marie des éléments Art nouveau et un modernisme évoquant Dalí. Dans quel autre lieu pourriez-vous voir des numéros de trapèze le samedi soir, ou savourer un cigare dans une salle de billard privée ?
◉ *420 Mason St • plan P3 • AH.*

9 Destino
Il émane de ce bar à tapas sud-américain une énergie particulière. Flamenco ou tango animent certaines soirées.
◉ *1815 Market St • plan F4 • AH.*

10 Lefty O'Doul's
Ouvert en 1958 par un joueur de base-ball légendaire, ce *diner* est devenu une institution de Downtown, dont les vieux habitués n'hésitent pas à se mettre à chanter en chœur. Il possède l'un des plus longs comptoirs de la ville.
◉ *333 Geary St sur Powell • plan P4 • AH.*

Que boire à San Francisco

1 Cabernet sauvignon
Ce cépage rouge du Bordelais a trouvé une nouvelle terre d'élection en Californie. Essayez le Robert Mondavi.

2 Chardonnay
Le plus populaire des vins blancs vieillit en fûts de chêne français aux Sterling Vineyards *(p. 33).*

3 Autres vins rouges
Le pinot noir, le merlot et le Zinfandel fournissent aussi d'excellents crus.

4 Autres vins blancs
Les vins à base de sauvignon blanc, de White Zinfandel, de chenin blanc et de pinot gris méritent également une dégustation.

5 Mousseux
De grands producteurs français de champagne comme Mumm et Moët et Chandon possèdent des domaines dans Napa Valley *(p. 32-33).*

6 Cocktails
Le Mojito (rhum blanc et menthe fraîche) fait partie des valeurs sûres.

7 Bières
La Bay Area renferme de nombreuses brasseries comme Anchor *(p. 109).*

8 Infusions
Tisanes et thés de toutes origines connaissent une grande vogue.

9 Café
Le café est servi sous davantage de formes – dont le *frappuccino* (*cappuccino* glacé*)* – à San Francisco que dans l'Europe entière.

10 Eau minérale
La meilleure eau locale vient, et porte le nom, de Calistoga dans Napa Valley.

Gauche **The Midnight Sun** Droite **Eagle Tavern**

🔟 Scène gay et lesbienne

1 The Midnight Sun
Ce bar vidéo se remplit rapidement à la sortie des bureaux, et ne se vide pas avant le petit matin. La clientèle se compose principalement d'hommes entre la vingtaine et et la trentaine, et il s'agit plus de se faire admirer que d'établir des contacts. Les écrans diffusent des clips et des sitcoms kitsch. ✆ *4067 18th St • plan E5.*

2 Moby Dick
Ce haut lieu de Castro attire une clientèle plus mûre. Il s'agit en général d'habitués qui se retrouvent pour jouer au flipper ou au billard… ou contempler l'aquarium au-dessus du bar. De grandes fenêtres permettent de profiter du spectacle de la rue. La musique date principalement des années 1980 et créée une ambiance enjouée. ✆ *4049 18th St • plan E5.*

Moby Dick

3 Detour
Le Detour jouit depuis toujours d'une grande popularité auprès d'une population masculine, de moins de 40 ans essentiellement. Des gogo dancers se trémoussent sur de la techno et l'ennui leur donne un regard un peu éteint, mais les boissons sont bon marché, même hors de l'*happy hour* (de 14 h à 20 h). ✆ *2348 Market St • plan E5.*

4 Eagle Tavern
Les motards et les adeptes du cuir restent les maîtres de ce bouge de SoMa, l'endroit où écluser de la bière dans une atmosphère chargée en testostérone. Des groupes locaux, généralement de grunge, se produisent le jeudi soir. ✆ *398 12th St • plan G4.*

5 The Lion
Le plus ancien bar gay de San Francisco est aussi le plus huppé. Il possède un décor victorien rénové et une grande cheminée, et attire les membres les plus embourgeoisés de la communauté homosexuelle. La musique est intéressante. Des amuse-gueules gratuits permettent de grignoter à l'*happy hour*. ✆ *2062 Divisadero St sur Sacramento • plan E3.*

6 Harvey's
Nommé ainsi en souvenir du conseiller municipal Harvey Milk *(p. 39)*, cet établissement est

 Les quartiers traditionnellement gay sont Castro District et Polk Street (p. 85).

The Lion

l'endroit idéal pour goûter à l'ambiance de Castro. Des souvenirs de la communauté décorent les murs, le personnel est souriant et il règne une atmosphère décontractée… Le visage sain du San Francisco gay. ◐ 500 Castro St sur 18th • plan E5.

7 Martuni's
Ce piano bar terriblement rétro, dont les habitués ont un faible pour les vieilles rengaines sentimentales, attire aussi bien des *drag queens* que des hétéros… tous ceux qui aiment pousser la chansonnette en chœur. ◐ 4 Valencia St sur Market • plan F4.

8 Badlands
Ce « video dance club » a perdu l'intérieur vieux et miteux qui allait si bien avec son nom, mais il reste très apprécié des moins de 40 ans. La beuverie de bière du dimanche après-midi (16 h-21 h) est considérée par beaucoup comme l'événement le plus excitant de la semaine. ◐ 4121 18th St • plan E5.

9 Café Flore
Bon nombre de noceurs se retrouvent ici avant d'attaquer vraiment la nuit sur les pistes de danse, dans les backrooms ou dans les fêtes organisées dans tout le quartier (p. 65).

10 Lexington Club
Le seul bar exclusivement « féminin » de San Francisco se trouve dans la partie de Mission District qui a commencé à se distinguer comme une enclave lesbienne. L'atmosphère simple et chaleureuse qui règne dans ce pub de quartier y attire aussi bien des sylphides à piercing que des employées de bureau d'une quarantaine d'années, ou même des hétérosexuelles. ◐ 3464 19th St sur Valencia • plan F5.

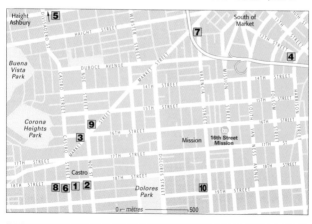

Le Lexington Club est le seul bar lesbien de San Francisco, mais les femmes sont les bienvenues dans tous les établissements gay.

Gauche **DJ** Droite **Galaxy**

🔟 Vie nocturne

1 Bambuddha
Dans une ambiance exotique au décor impressionnant, le Bambuddha propose une cuisine de toute l'Asie et des cocktails étonnants. La musique est envoûtante et l'on peut s'installer pour siroter nonchalamment un verre en plein air au bord d'une véritable piscine entourée de fauteuils. Cet endroit est une réelle surprise dans le quartier plutôt miteux de Tenderloin.
⊗ *Phoenix Hotel, 601 Eddy St, entre Larkin et Polk • plan Q2.*

2 Ten 15 Folsom
Fréquentée principalement par de jeunes dragueurs aisés au baratin éprouvé, l'immense Ten 15 Folsom est l'une des discothèques les plus élaborées de San Francisco. Elle s'étend sur trois niveaux dans SoMa. Les DJ invités comptent parmi les têtes d'affiche. La nuit ne commence vraiment qu'après minuit *(p. 111)*.

Ten 15 Folsom

3 Six
La situation du Six, dans un quartier terriblement peu engageant la nuit, à la frontière entre Tenderloin et SoMa, est un inconvénient majeur, mais une fois en sécurité à l'intérieur, vous pouvez vous joindre à une foule hétéroclite sur la piste de danse spacieuse du sous-sol, ou profiter des canapés du salon aéré de l'étage. ⊗ *60 6th St entre Market et Mission • plan Q3.*

4 Liquid
En bordure de SoMa et de Mission, dans une zone sans caractère qui prend le soir l'aspect d'un *no man's land*, cet austère petit club organise tous les jours des soirées pleines d'énergie. L'ambiance est intime, la musique tend à l'électro, et la popularité croissante n'a pas encore dilué l'esprit underground du lieu. ⊗ *2925 16th St entre Mission et South Van Ness • plan F4.*

5 Harry Denton's Starlight Room
Vingt-deux étages au-dessus d'Union Square, ce night-club au chic Art déco, principalement fréquenté par des plus de 40 ans ou 50 ans, offre l'occasion d'enfiler un costume ou une robe de soirée pour aller siroter des cocktails onéreux en contemplant les lumières de la ville. Les couples peuvent s'enlacer sur du jazz ou du R'n'B sans aspérité. ⊗ *Sir Francis Drake Hotel, 450 Powell St sur Sutter • plan P4.*

Boîtes de nuit des quartiers du sud p. 111

Polly Esther's Culture Club

6 Polly Esther's Culture Club
Cette succursale d'une chaîne implantée dans tous les États-Unis entretient l'esprit disco des années 1970 et 1980. Le décor joue de souvenirs d'époques souriantes, telle une coccinelle Volkswagen peinte de motifs psychédéliques. ◎ 181 Eddy St sur Taylor • plan Q3.

7 Sno-Drift
Les décorateurs du Backflip et du Red Room ont doté le Sno-Drift d'une cheminée circulaire, d'un bar courbe et de boiseries. Son isolement au fin fond d'une zone industrielle près du China Basin donne l'impression de se trouver dans un chalet de station de sports d'hiver. Une musique hautement énergétique et de bons cocktails lui valent d'être souvent bondé. ◎ 1830 3rd St sur 16th • plan H4.

8 Galaxy
En bordure du Golden Gate Park, la seule boîte de nuit de Haight-Ashbury s'est installée dans ce qui fut l'une des dernières salles à accueillir des groupes « indé »

dans le quartier. L'aménagement est moderne, les DJ changent d'approche tous les soirs, et des box permettent de souffler entre deux passages sur la piste de danse. ◎ 1840 Haight St entre Shrader et Stanyan • plan D4.

9 Metronome Ballroom
Cet établissement de Potrero Hill est entièrement dédié à l'apprentissage de la danse. Venez ici essayer de maîtriser le cha-cha-cha, le foxtrot, la salsa, le tango, la valse, le merengue, et même le break danse. ◎ 1830 17th St entre De Haro et Rhode Island • plan G4.

10 Tonga Room
Ce bar de Nob Hill, où les groupes jouent sur un radeau flottant au milieu d'un bassin, possède un décor polynésien évoquant un tableau d'un parc de Disney. Visant une clientèle adulte de tous âges, il accueille souvent des anniversaires. En semaine, un buffet asiatique bon marché accompagne l'*happy hour* (17 h-19 h). ◎ Fairmont Hotel, 950 Mason St • plan N3.

San Francisco Top 10

Gauche **Jogging au Golden Gate Park** Droite **Surfeurs**

TOP 10 Activités de plein air

1 Baignade
À moins d'être peu frileux ou passionné de surf, vous préférerez une piscine, telle celle de l'Embarcadero YMCA, dans le Financial District, à l'eau glacée de la baie. ◎ *Embarcadero YMCA : 169 Steuart St ; (415) 957-9622 • plan H2.*

2 Marche à pied
De splendides sentiers de randonnée abondent dans Bay Area, notamment à Land's End *(p. 117)* et sur le Mount Tamalpais *(p. 124)*. Se promener en ville et arpenter ses collines pentues suffit néanmoins à la plupart des visiteurs.

3 Patinage en ligne
Les adeptes san-franciscains du patin en ligne apprécient particulièrement le Golden Gate Park, surtout le dimanche quand la rue principale est fermée aux voitures. L'allée qui longe le Marina Green vous offrira à la fois un revêtement lisse et un somptueux panorama.

Planche à roulettes au Golden Gate Park

4 Planches à roulettes
Il existe des rampes partout en ville, entre autres dans les parcs, sur les places aménagées et sur Market Street dans Financial District. Des boutiques comme DLX et FTC vous permettront de vous équiper. ◎ *DLX : 1831 Market St ; plan F4 • FTC Skateboarding : 622 Shrader St ; plan D4.*

5 Course à pied
Depuis l'achèvement de sa restauration, le Crissy Field abrite un parcours très agréable : la Golden Gate Promenade *(p. 98)*. De Haight Ashbury à l'océan, le Golden Gate Park offre d'innombrables possibilités aux adeptes du jogging. La *Bay to Breakers* et le *San Francisco Marathon* sont les deux courses qui réunissent le plus de participants. ◎ *Bay to Breakers : 3ᵉ dim. de mai ; (415) 808-5000, poste 2222 • San Francisco Marathon : juil. ; (415) 284-9294.*

6 Tennis
Des courts de tennis gratuits, en plein air et ouverts du lever au coucher du soleil, abondent en ville. Le Recreation and Park Department vous indiquera le plus proche. Il faut acquitter une petite somme pour utiliser l'un des 21 courts du Golden Gate Park, mais on peut le réserver. Les courts couverts appartiennent à des clubs privés. ◎ *San Francisco Recreation and Park Department : (415) 831-2700 • Golden Gate Park : (415) 753-7001.*

Location de patins en ligne : Skates on Haight, 818 Haight Street ; tél. (415) 752-8374.

Terrain de golf du Lincoln Park

7 Golf
Le 18 trous du Lincoln Park domine Land's End, et le Golden Gate Park renferme un 9 trous. Plus récent, le Presidio Golf Course est considéré comme un des meilleurs parcours du pays. *Lincoln Park : (415) 221-9911 • Golden Gate Park : (415) 751-8987 • Presidio Golf Course : (415) 561-4661.*

8 Nautisme
Selon les vents et l'état de la mer, pratiquer la voile, l'aviron ou le kayak n'est pas toujours de tout repos dans la baie. Pour une sortie romantique, canotez plutôt sur le Stow Lake du Golden Gate Park *(p. 21)*.

9 Sports extrêmes
Il faut beaucoup de courage et d'entraînement pour s'adonner au surf à San Francisco. S'élancer en planche à voile dans la baie ne convient pas non plus aux débutants. Des novices peuvent en revanche s'initier au parapente avec le Hand-Gliding Center. *San Francisco Hang-Gliding Center • (510) 528-2300.*

10 Bicyclette
Si vous vous sentez assez en forme pour affronter les collines, City Cycle permet de louer des vélos. *City Cycle : 3001 Steiner St • (415) 346-2242.*

Sport à San Francisco

1 SF 49ers
La saison de la National Football League (football américain) dure de septembre à janvier. *3 Com Park • (415) 656-4900.*

2 SF Giants
L'équipe de base-ball joue d'avril à octobre. *Pacific Bell Park, 24 Willie Mays Plaza • (415) 972-2000.*

3 Golden State Warriors
Cette équipe de basket-ball a son siège à Oakland. *The Arena in Oakland, 7000 Coliseum Way, Oakland • (510) 986-2222.*

4 Oakland Athletics
Oakland a aussi une équipe dans la MLB, la Major League Baseball.

5 Oakland Raiders
Oakland Raiders est une équipe de l'American Football League.

6 Golden Gate Fields
Champ de courses hippiques de l'East Bay. *1100 Eastshore Highway, Albany • (510) 559-7300.*

7 Bay Meadows Racecourse
Le CalTrain dessert cet hippodrome. *2600 S Delaware St, San Mateo • (650) 574-7223.*

8 Sears Point Raceway
Circuit automobile. *Hwy 37 et Hwy 121, Sonoma • (707) 938-8448.*

9 San Jose Sharks
Hockey sur glace. *Compaq Center, West Santa Clara St et Autumn St, San Jose • 1-800-888-2736.*

10 Sacramento Monarchs
Équipe féminine de basket-ball. *Arco Arena, 1 Sports Parkway, Sacramento • (916) 928-3650.*

Vol en mongolfière dans Napa Valley suivi d'un brunch au champagne : (800) 464-6824.

San Francisco Top 10

Gauche **Carnaval** Droite **Défilé de la Saint-Patrick**

TOP 10 Fêtes, festivals et défilés

1 St Patrick's Day Parade
San Francisco abrite une importante communauté irlandaise, qui se retrouve dans quelque 25 pubs, et la Saint-Patrick donne lieu à l'une des plus grandes célébrations en ville. Le défilé part de 5th Street et Market Street et rejoint l'Embarcadero. La fête continue ensuite jusque tard dans la nuit. ✪ *Dim. avant le 17 mars.*

2 Cherry Blossom Festival
Au printemps, Japantown *(p. 99)* s'anime pour fêter les cerisiers en fleurs. Les manifestations organisées comprennent un défilé coloré, des démonstrations d'arts martiaux et des spectacles de danse et de percussions. Elles offrent l'occasion de découvrir la cuisine et l'artisanat traditionnels. ✪ *2 week-ends en mai.*

3 Cinco de Mayo
Marquée par des défilés, des danses, des concerts et des feux d'artifice, la plus grande fête mexicaine de Californie commémore la victoire du général Ignacio Zaragoza sur l'armée française en 1862 à Puebla Mexico. Elle se déroule pour l'essentiel au Civic Center et dans Mission District. ✪ *Dim. avant le 5 mai.*

4 Carnaval
Le carnaval de San Francisco ne respecte aucune date traditionnelle, mais a tout simplement lieu à la période de l'année où le climat s'y prête le mieux. Des groupes bénéficiant de subventions municipales travaillent toute l'année à la confection des costumes et à la répétition des pas de danse sur des rythmes de samba, de rumba ou de salsa. ✪ *Mission District • dernier week-end de mai.*

5 Pride Celebration Parade
Plus de 300 000 personnes envahissent Market Street entre l'Embarcadero et le Civic Center pour la plus grande parade gay des États-Unis, un défilé hors du commun avec ses chars extravagants, ses *Dykes on Bikes*, ses *drag queens* en religieuses, ses clônes vêtus de cuir, ses fanfares homosexuelles, ses « monsieur Muscle » et tant d'autres participants. ✪ *Dim. fin juin.*

Participant à la **Pride Celebration Parade**

Nouvel An chinois

6 Independence Day
La fête se déroule sur le front de mer, entre l'Aquatic Park et le Pier 39, d'où partent de plusieurs points, la nuit, des feux d'artifice. Quand la brume flotte sur la baie, les explosions de lumière n'en paraissent que plus magiques. ◈ *4 juil.*

7 Stern Grove Festival
Cet éclectique festival de musique existe depuis 1938 (p. 116). ◈ *Dim., début juin-fin août.*

8 Exotic Erotic Ball
Encore un événement extravagant propre à San Francisco : un grand bal masqué dont le nom indique clairement le thème. ◈ *Cow Palace : 2600 Geneva Ave, Daly City • fin oct.*

9 Hallowe'en
Cette fête, où ce sont initialement les enfants qui se déguisent, donne lieu à bien des habillages, et déshabillages, dans le quartier gay de Castro. ◈ *31 oct.*

10 Nouvel An chinois
La plus importante célébration du Nouvel An chinois hors d'Asie se déroule à San Francisco. Elle occasionne des expositions et, bien entendu, des défilés menés par des dragons dans les rues de Chinatown. ◈ *Jan. ou fév.*

Autres fêtes et festivals

1 Haight Street Fair
Non, l'esprit hippie n'est pas mort, comme le prouve cette fête. ◈ *Début juin.*

2 North Beach Festival
La plus ancienne fête de rue de la ville donne, entre autres, l'occasion de déguster des spécialités culinaires italiennes. ◈ *juin.*

3 Fillmore Street Jazz Festival
Stands d'artisanat et musiciens rappellent le passé jazzy du quartier. ◈ *Début juil.*

4 Renaissance Pleasure Faire
Reconstitution bon vivant de l'Angleterre élisabéthaine. ◈ *Fin août-début oct. : sam-dim.*

5 Burning Man
Cette performance artistique collective démesurée est indescriptible. ◈ *1er week-end de sept.*

6 Ghirardelli Square Chocolate Festival
Le rêve de tout amateur de chocolat. ◈ *début sept.*

7 Folsom Street Fair
La beuverie « cuir » de SoMa avec la *leather week* compte parmi les événements qui rythment le calendrier de la communauté homosexuelle. ◈ *Dernier dim. de sept.*

8 Castro Street Fair
Une fête gay préparant à Hallowe'en. ◈ *Début oct.*

9 Tet Festival
Le Nouvel An vietnamien. ◈ *Jan.-fév.*

10 Tribal, Folk & Textile Arts Show
Exposition de poteries, de bijoux et de tissus, entre autres, au Fort Mason Center. ◈ *Début fév.*

Le Crissy Field et Telegraph Hill offrent les meilleurs points de vue des feux d'artifice d'Independence Day, mais il y a foule.

Gauche **Baker Beach** Droite **Half Moon Bay**

TOP 10 Plages

1 Bolinas Beach
Cette plage du Marin County forme une longue bande de sable isolée au pied de falaises rocheuses, mais elle se révèle souvent venteuse et attire surtout les kayakistes et ceux qui promènent leur chien. En marchant au nord, vous atteindrez des recoins protégés, fréquentés par des nudistes malgré un arrêté municipal, rarement appliqué, qui l'interdit *(p. 124)*.

2 Stinson Beach
Dès que le soleil brille, beaucoup de gens se précipitent dans le Marin County, qui échappe souvent à la brume, pour profiter de cette plage de sable très populaire et longue de 5 km *(p. 124)*.

3 Muir Beach et Red Rock Beach
Les deux plages nudistes les plus connues de San Francisco se trouvent au sud de Stinson.

Elles s'étendent toutes les deux au fond d'une crique, à l'abri du vent et des regards indiscrets depuis le haut des falaises. Il faut toutefois se munir de solides chaussures de marche pour prendre les sentiers accidentés qui y mènent depuis les parkings. *Muir Beach : depuis Hwy 1 sur Pacific Way • Red Rock : 9 km au nord de Muir sur Pacific Way.*

4 Baker Beach
Cette bande de sable longue de 1,5 km, la plus populaire de San Francisco, ménage une vue dégagée du Golden Gate Bridge, et des couchers de soleil inoubliables. Elle est très agréable pour prendre des bains de soleil, promener son chien, pique-niquer, jouer au frisbee ou courir, mais des panneaux mettent en garde contre les courants de marée. *Plan C2.*

5 China Beach
Petite et protégée du vent, la plage la plus chic de San Francisco, située dans le quartier huppé de Sea Cliff, porte officiellement le nom de James D. Phelan Beach. Les places pour se garer ne manquent pas, et la descente ne présente pas de difficulté. Une fois arrivé en bas, vous disposerez même de douches et de vestiaires. *Plan B2.*

Muir Beach

Remarque : la baignade est déconseillée sur la plupart des plages de Bay Area, du fait de la froideur de l'eau et des courants.

Land's End

6 Land's End

Bien que magnifique, cette plage minuscule n'est à conseiller qu'aux plus endurcis des amoureux de la nature, car il faut marcher relativement longtemps pour l'atteindre (passer par en haut se révèle beaucoup plus aisé que par le sentier côtier). Des habitués se sont aménagé de petits espaces protégés par des murs de pierre (p. 115). ⊗ Plan A3.

7 Ocean Beach

Assez large et longue de 6,5 km, la plus grande plage de San Francisco part de Cliff House et s'achève au-delà des limites de la ville, au sud, en dunes pittoresques. C'est sans doute la plus dangereuse pour se baigner, mais elle offre un cadre magnifique à une promenade.

8 Half Moon Bay

À environ 35 km au sud de San Francisco, Half Moon Bay abrite un long croissant de sable accessible depuis plusieurs points de Highway 1.
Les habitants de la région aiment venir y pique-niquer, faire du surf, lâcher leurs cerfs-volants dans le vent et pêcher, entre autres activités. Une piste équestre court de Dunes Beach jusqu'à la zone rocheuse de Francis Beach. ⊗ Hwy 1.

9 San Gregorio Beach

À 18,5 km au sud de Half Moon Bay, un parc d'État protège une partie de San Gregorio Beach où se succèdent falaises herbeuses et criques. Une large plage de sable forme le débouché d'un estuaire jonché de bois flottant et peuplé de nombreux oiseaux et de petits animaux. Le nudisme est admis sur une section de la plage, mais l'atteindre demande une marche assez longue (p. 127).

10 Pescadero Beach

À 23,5 km au sud de Half Moon Bay, sur Highway 1, des aires de pique-nique équipent Pescadero Beach longue de 1,5 km. Les pêcheurs apprécient ses anses sablonneuses séparées par des falaises. De l'autre côté de la route s'étend Pescadero Marsh Natural Preserve, une zone marécageuse où prospèrent des aigrettes, des milans noirs, des chevreuils, des ratons laveurs, des renards et des moufettes (p. 127).

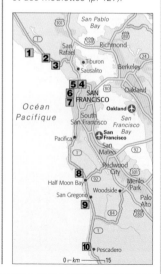

Gauche **Plage** Droite **Port de Monterey**

📖10 Excursions d'une journée

1 Wine Country

Toute visite de San Francisco se doit de comporter au moins une journée consacrée à la découverte en voiture des vallées de Napa et de Sonoma. On y déguste d'excellents vins dans un cadre splendide et des sources chaudes alimentent de nombreux établissements thermaux *(p. 32-35)*.

Vin de Californie

2 Muir Woods

Au pied du Mount Tamalpais *(p. 124)*, la dernière forêt de Bay Area à contenir un bosquet primitif de séquoias géants s'étend sur 220 ha. Ces arbres, dont certains sont vieux de plus de 1 000 ans, couvraient jadis tout le littoral. La forêt porte le nom du naturaliste du XIXᵉ s. *(p. 39)* qui prit les premières mesures de protection de l'environnement aux États-Unis. ◎ *Muir Woods National Monument • ouv. t.l.j. 8h-coucher du soleil • EP.*

Muir Woods

3 Monterey

Fondée en 1770, la première capitale de la Californie *(p. 36)* a conservé quelques édifices de ses débuts espagnols. Elle est réputée pour son aquarium, ses festivals de blues et de jazz, et Cannery Row, un ancien quartier de conserveries de sardines et de maisons closes qui fournit à John Steinbeck le cadre de deux romans. ◎ *Monterey Bay Aquarium : ouv. t.l.j. 9h30-18h ; AH ; EP.*

4 Big Basin State Park, Boulder Creek

Highway 9, l'une des plus belles routes de Bay Area, serpente à travers les verdoyantes Santa Cruz Mountains et traverse des petites villes où le temps a peu d'influence. À quelques minutes de Silicon Valley, on semble vivre ici à un rythme rural.

5 Stanford University

À seulement 30 min au sud de la ville, avec une gare CalTrain au portail principal, cette université privée possède un campus de 3 300 ha soigneusement entretenu. Ornés par de nombreuses arcades, les bâtiments les plus anciens datent de la fin du XIXᵉ s. et associent les styles néo-roman et Mission. Bâtis en grès, ils s'ordonnnent autour du Main Quadrangle où s'élève la Memorial Church à la façade parée d'une mosaïque *(p. 125)*.

 L'Oceanic Society organise des sorties d'observation des migrations des baleines grises : (415) 474-3385.

6 Carmel

Ancienne colonie d'artistes établie au début du XXᵉ s., Carmel-By-The-Sea est devenue une station balnéaire huppée dont Clint Eastwood fut récemment maire. Elle abrite la plus belle des 21 missions fondées par les Espagnols le long de la côte californienne *(p. 30)*.
❧ *Carmel Mission : 3080 Rio Rd • ouv. lun.-sam. 9h30-17h45, dim. 17h-45 • EP.*

7 Plages

Une vingtaine de plages jalonnent Highway 1 au sud de San Francisco. Parmi les meilleures figurent Gray Whale Cove, Montara State Beach, Miramar Beach, El Granada Beach, Roosevelt Beach, Dunes Beach, Francis Beach, Poplar Beach, Pelican Point Beach, Cowell Ranch State Beach, Martin's Beach, San Gregorio Beach, Pescadero State Beach, Bean Hollow State Beach et Pebble Beach.

8 Point Reyes

285 km² d'espace côtier préservé et d'une grande beauté font de cette péninsule battue par les vents un refuge pour de nombreux animaux. Un phare, le Point Reyes Lighthouse, permet d'apercevoir des baleines et des otaries *(p. 127)*.

9 Santa Cruz

Cette station balnéaire offre les meilleures conditions de baignade de Bay Area. Sur le front de mer, le Beach Broadwalk Amusement Park, dernier parc d'attractions à l'ancienne de la Côte Ouest, abrite le Giant Dipper, des montagnes russes de 1924. Des étudiants et des professeurs du monde entier fréquentent le campus de l'University of California *(p. 127)*.

Carmel Mission

10 Saratoga et Los Gatos

Ces deux villes, dans des collines sillonnées de routes pittoresques au-dessus de Silicon Valley, ont conservé leur aspect rural. Ne manquez pas les Hakone Gardens, un splendide parc japonais dont la boutique de souvenirs sort de l'ordinaire *(p. 127)*. ❧ *Hakone Gardens : 21000 Big Basin Way, Saratoga • ouv. lun.-ven. 10h-17h, sam.-dim. 11h-17 • EP.*

VISITER
SAN
FRANCISCO

SAN FRANCISCO TOP 10

Gauche **Bank of California, Financial District** Droite **City Hall, Civic Center**

Downtown

Le cœur de San Francisco offre un visage bigarré. Chinatown, où se mêlent Orient et Occident, s'étend entre North Beach, à l'atmosphère exubérante et bohème, et Financial District, où des gratte-ciel modernes comme l'élégante Transamerica Pyramid s'élèvent entre la Bourse et des banques du début du xxᵉ s. Les deux quartiers huppés des hauteurs de Nob Hill et de Russian Hill séparent ces derniers de Polk Street, une rue gagnée par la décrépitude. Elle mène, au sud, aux imposants édifices administratifs et culturels du Civic Center. Les célèbres cable cars offrent un moyen amusant de circuler dans le centre (p. 10-11). Toutefois, ils ne desservent pas le sommet de Telegraph Hill, où se dresse la Coit Tower.

Chinatown

Les sites

1 Chinatown
2 Grace Cathedral
3 North Beach
4 Nob Hill
5 Russian Hill
6 Jackson Square
7 Civic Center
8 Union Square
9 Financial District
10 Polk Street

1 Chinatown
Densément peuplé, le quartier chinois de San Francisco a commencé à définir son identité culturelle au milieu du XIXᵉ s. Elle n'a jamais cessé de s'affirmer depuis et en fait une « ville » dans la ville. À parcourir ses rues encombrées, on croirait changer de continent *(p. 18-19)*.

2 Grace Cathedral
Cette vaste église de Nob Hill possède une silhouette inspirée du gothique français, mais sa structure en béton armé est conçue pour résister aux tremblements de terre qui menacent la région *(p. 24-25)*.

3 North Beach
De nombreux cafés et restaurants, pour la plupart installés sur Columbus Avenue et les rues avoisinantes, datent de l'époque où ce quartier animé acquit son surnom de « petite Italie ». Pendant les années 1950, il attira une jeunesse bohème, influencée par les écrits de Jack Kerouac et Allen Ginsberg *(p. 52-53)*, qui s'appela bientôt la « beat generation ». Il conserve de cette période une atmosphère détendue et une vie nocturne offrant un large éventail, des boîtes de strip-tease de Broadway aux cafés où résonnent des airs d'opéra *(p. 88)*. ◎ *Plan L4*.

4 Nob Hill
Rendue accessible par l'ouverture d'une ligne de *cable cars*, la plus haute colline du centre-ville devint le lieu de résidence des citoyens fortunés

Nob Hill

comme les « Big Four », enrichis par la liaison ferroviaire transcontinentale *(p. 39)*. De leurs somptueuses demeures, le séisme de 1906 et l'incendie qu'il déclencha n'épargnèrent que l'édifice en grès aujourd'hui occupé par le Pacific Union Club. Nob Hill abrite désormais des immeubles d'appartements, les hôtels les plus chic de la ville *(p. 142)* et la Grace Cathedral. ◎ *Plan N3*.

5 Russian Hill
Site de promenade apprécié pour les vues de la baie et du centre-ville qu'il ménage, cet autre quartier résidentiel huppé couvre une colline dont l'un des flancs est si raide qu'il ne comporte que des escaliers. Décor apprécié des cinéastes pour les poursuites de voitures, la célèbre Lombard Street, « la rue la plus tortueuse du monde », serpente entre des massifs d'hortensias. Filbert Street est encore plus abrupte, avec une pente qui atteint 32 % entre Hyde et Leavenworth *(p. 61)*. Russian Hill devrait son nom à des trappeurs russes qui y furent enterrés au début du XIXᵉ s. ◎ *Plan M2*.

Statue de Benjamin Franklin, North Beach

Visiter San Francisco – Downtown

6 Jackson Square

Au pied de la Transamerica
Pyramid *(p. 46)*, ce quartier,
rénové dans les années 1950
et riche en galeries d'art et
magasins d'antiquités, renferme
certains des plus anciens
édifices de San Francisco,
en particulier des immeubles
aux façades de brique, de fonte
ou de granite aux alentours
de Jackson Street et d'Hotaling
Place. Pendant la ruée vers l'or
et jusqu'au début du XXᵉ s., ses
maisons closes et ses débits de
boissons lui valurent le surnom
de « Barbary Coast ». *Plan M5.*

Jackson Square

7 Civic Center

San Francisco possède
le centre administratif le plus
ambitieux des États-Unis.
Autour du City Hall (hôtel
de ville), construit en 1915
dans le style Beaux-Arts inspiré
du classicisme français, il réunit
le War Memorial Opera House,
le Louise M. Davies Symphony
Hall, le Herbst Theater *(p. 56)*,
le California State Building,
la New Main Library
(nouvelle bibliothèque centrale)
et la monumentale Old Main
Library qui abrite désormais
l'Asian Art Museum. *Plan R1.*

8 Union Square

Cette vaste place, qui jouxte
Financial District d'un côté,
et Theater District *(p. 56-57)*
de l'autre, a été entièrement
reconstruite et offre désormais
des espaces d'exposition,
de vertes terrasses et un parc
de stationnement. Elle abrite
les enseignes les plus luxueuses
de San Francisco et doit son nom
aux manifestations en faveur
de l'Union qui s'y déroulèrent
pendant la guerre de Sécession.
Au centre, une colonne
commémore la victoire de l'amiral
Dewey à Manila Bay pendant
la guerre hispano-américaine
de 1898. Powell Street possède
un cachet pittoresque avec sa
ligne de *cable cars*. À quelques
pas d'Union Square se dresse
l'hôtel St Francis de style Art
déco *(p. 143)*. *Plan P4.*

9 Financial District

Le quartier des affaires
de San Francisco a pour pôle
Montgomery Street, où les
mineurs venaient jadis faire
peser leur poudre d'or dans
de petites échoppes. Elle suit
approximativement la côte
de Yerba Buena Cove, une crique

*Une promenade guidée de Jackson Square évoque l'époque
sulfureuse de la Barbary Coast : (415) 637-5453.*

First Interstate Center, Financial District

peu profonde qui fut comblée pendant la ruée vers l'or pour gagner du terrain sur la mer. Des temples de la finance datant du début du XXᵉ s. et des géants modernes de béton, d'acier et de verre, comme la Transamerica Pyramid, la bordent aujourd'hui. Au bout de Market Street s'élève le Ferry Building rénové. 100 000 personnes y passaient chaque jour avant la construction des ponts de la baie. Avec ses épiceries et ses cafés, le lieu est très vivant. Sa tour s'inspire du clocher de la cathédrale de Séville. ◉ *Plan M5.*

10 Polk Street

Au tournant des années 1960, la partie sud de cette rue devint le premier quartier où des homosexuels commencèrent à revendiquer leur droit à mener leur vie librement. L'essor de Castro District dans les années 1970 *(p. 107)* a entraîné un certain délabrement, mais les boutiques, bars et boîtes de nuit attirent toujours bon nombre de jeunes gays. À l'autre extrémité, au pied de Russian Hill, Polk Street se transforme en rue commerçante beaucoup plus chic. ◉ *Plan Q1.*

Un jour à North Beach

Le matin

🕐 Partez du sommet de **Telegraph Hill** *(p. 88)*, point culminant de North Beach, où des peintures murales ornent l'intérieur de la **Coit Tower** *(p. 46)*. Rejoignez ensuite **Filbert Street** *(p. 88)* que vous suivrez à droite (deux pâtés de maisons) jusqu'à **Washington Square.** Ici se dresse la **Saints Peter and Paul Church** *(p. 88)* devant laquelle se firent photographier, le jour de leurs noces, Marilyn Monroe et le joueur de base-ball Joe DiMaggio. Tournez à gauche dans Columbus Avenue.

🍴 Au **Caffè Roma** *(p. 90)*, vous pourrez reprendre des forces tout en contemplant le spectacle de la rue. En face, l'**US Restaurant** *(p. 91)* sert certains des meilleurs plats de pâtes de San Francisco.

L'après-midi

Après déjeuner, prenez Green Street, sur votre gauche, pour gagner **Upper Grant** *(p. 88)*, haut lieu de la contre-culture depuis les années 1950. Descendez Grant au sud jusqu'à Vallejo Street où le **Caffè Trieste** *(p. 90)* conserve une atmosphère authentiquement bohème. Continuez ensuite sur Columbus, jusqu'à William Saroyan Place. Le bar Specs', empli de souvenirs de l'époque *beat*, occupe le n° 12. De l'autre côté de l'avenue, au n° 261, l'ancienne librairie de Lawrence Ferlinghetti, **City Lights Bookstore** *(p. 88)*, reste ouverte jusqu'à minuit. Elle publia les poèmes d'Allen Ginsberg et ses amis.

Pages suivantes : défilé du Nouvel An chinois, Chinatown

Gauche **City Lights Bookstore** Droite **Filbert Street Steps**

Sites de North Beach

1 Telegraph Hill
L'ancienne « colline des chèvres » prit son nom actuel en 1850, quand on installa un sémaphore sur sa crête, où se dresse aujourd'hui la Coit Tower. Son côté oriental servit de carrière et fut creusé à coups de dynamite. ◉ Plan L5.

2 Vue depuis North Beach
Justement réputé, le panorama depuis le sommet de la colline et le haut de la Coit Tower se déploie du Bay Bridge jusqu'à l'île d'Alcatraz et le Golden Gate Bridge.

3 Murals de la Coit Tower
25 artistes locaux peignirent en 1934 les fresques de l'intérieur de la tour. Elles brossent un portrait détaillé et plein de vie de la Californie de l'époque de la Grande Dépression. ◉ Plan L5.

4 Escaliers de Filbert Street
Les volées de marches fleuries qui dévalent le flanc est de Telegraph Hill ménagent une belle vue de la baie. ◉ Plan L5.

5 City Lights Bookstore
Le poète Lawrence Ferlinghetti fonda cette librairie en 1953. On s'y retrouve pour feuilleter des ouvrages « alternatifs » et se renseigner sur les manifestations prévues en ville. ◉ 261 Columbus Ave • plan M4.

6 Broadway
Les établissements du quartier chaud de San Francisco n'ont guère évolué depuis les années 1960. Enrico's, au n° 504, sert une excellente cuisine (p. 91). ◉ Plan M5.

7 Upper Grant
Dans sa partie nord, autour de Columbus, Grant Avenue possède une atmosphère très bohème avec ses bars, ses cafés et ses clubs de blues. ◉ Plan L4.

8 Caffè Trieste
Ce café d'artistes et d'écrivains est agréable à tout moment, mais plus encore le samedi après-midi, quand la famille Giotta interprète airs d'opéra et ballades (p. 90).

9 Washington Square
Boulangeries, restaurants et bars italiens bordent ce joli parc apprécié des adeptes du taï-chi. ◉ Plan L4.

10 Saints Peter and Paul Church
Pôle de la vie sociale et religieuse de la communauté italienne, cette grande église catholique reste souvent appelée « Italian Cathedral ». De style néogothique, elle date de 1924. Certains offices y sont dits en italien ou en cantonais. ◉ 666 Filbert St • plan L4 • ouv. t.l.j. • EG.

Coit Tower

Pour une introduction guidée à l'histoire, la culture et la cuisine de North Beach, contactez l'office du tourisme (p.132).

Gauche **Serge Sorokko Gallery** Droite **W. Graham Arader III**

TOP10 Shopping à Downtown

1 Shreve and Co
Outre des bijoux, les vitrines de ce joaillier recèlent des montres de prix, de la porcelaine de Limoges, de la verrerie Lalique et de l'argenterie.
◈ *200 Post St sur Grant • plan P4 • AH.*

2 W. Graham Arader III
Ce magasin de gravures anciennes, sur Jackson Square, ressemble à un musée. On peut y admirer des représentations d'oiseaux par John James Audubon (1785-1851), d'anciennes cartes et des ouvrages historiques sur San Francisco et la Californie.
◈ *435 Jackson St, Jackson Square • plan M5 • AH.*

3 Wilkes Bashford
Cette institution san-franciscaine vend des vêtements pour hommes et pour femmes signés par de grands noms, et futurs grands noms, de la couture internationale.
◈ *375 Sutter St • plan P4 • AH.*

4 Vintage Poster Art
Vieilles, pour certaines, de 150 ans, et entoilées selon les normes des musées, les affiches coûtent à partir de 250 $. Cartes postales et reproductions sont plus accessibles. ◈ *1845 Polk St sur Jackson • plan M1 • AH.*

5 Serge Sorokko Gallery
Picasso, Matisse, Miró, Chagall, Tapiès, Bacon, et Warhol font partie des grands maîtres de l'art du du xxe s., dont la galerie Serge Sorokko propose des gravures ou d'autres œuvres. ◈ *231 Grant Ave • plan P4.*

6 Christopher-Clark Fine Art
Les peintres modernes européens sont également bien représentés dans cette autre galerie. Elle expose aussi des artistes de Bay Area
◈ *320 Geary St • plan P4 • AH.*

7 Aria
Les collectionneurs viennent dénicher dans cette brocante les pièces les plus diverses, du bouddha ancien jusqu'à la lampe Art déco. ◈ *1522 Grant Ave • plan L4 • AH.*

8 The North Face
The North Face a pour spécialité les activités de plein air. Vous pourrez vous y équiper pour la randonnée ou le camping.
◈ *180 Post St • plan P4 • AH.*

9 Wingard
Si vous appréciez le décor de votre hôtel, il est probable qu'il compte parmi ses fournisseurs cette société d'articles de salle de bains et de décoration d'intérieur à prix de gros. ◈ *1630 Polk St • plan N1 • AH.*

10 New India Bazaar
Ce bazar indo-pakistanais vend des épices et des aliments, mais aussi de l'encens, des objets religieux et des cassettes vidéo. ◈ *1107 Polk St • plan P1.*

◈ *Vintage Poster Art : www.sfvintageposters.com*

Gauche **Grand Café** Droite **Tosca**

🔟 Cafés et bars

1 Caffè Trieste
Une nonchalance bohème
règne dans ce café italien
au charme authentique (p. 64).
✪ 605 Vallejo St • plan M4 • AH.

2 Tosca
Ce haut lieu de North Beach
apprécié des célébrités date
de 1919. Le juke-box propose
des airs d'opéra. ✪ 242 Columbus
Ave • plan M4 • ferm. le midi • AH.

3 Caffè Roma
Le personnel et les clients
de ce café s'expriment tout aussi
bien en italien qu'en anglais.
Le Roma offre un cadre agréable
pour déguster un espresso ou
un cappuccino en contemplant
le spectacle de la rue.
✪ 526 Columbus Ave • plan L4 • AH.

4 O'Reilly's
Tout évoque l'Irlande
dans ce bar de 1825, importé
de la verte Érin. ✪ 622 Green St
sur Columbus • plan L4 • AH.

5 Grand Café
Cette élégante extension
de l'Hôtel Monaco permet
de siroter un simple cocktail,
ou de prendre un repas complet.
✪ 501 Geary St sur Taylor • plan P3 • AH.

6 Quetzal
Le Quetzal offre un large
choix de boissons, de petits
déjeuners et de plats. Vous
pouvez également y consulter
vos e-mails. ✪ 1234 Polk St sur Bush
• plan N1 • AH.

7 Bambuddha
Cet établissement
de Tenderloin rend un sensuel
hommage à l'Asie. Il possède
une piscine (p. 70). ✪ Phoenix Hotel,
601 Eddy St entre Larkin et Polk
• plan Q2.

8 Bubble Lounge
Ce bar à champagne
occupe une succession de salles
au mobilier cossu et confortable,
où un éclairage tamisé crée
une ambiance intime (p. 66).
✪ 714 Montgomery St • plan M5 • AH.

9 Red Room
Ses cocktails classiques
valent à ce petit bar une clientèle
d'habitués. ✪ Commodore Hotel,
827 Sutter St entre Jones et Leavenworth
• plan P2 • AH.

10 The Irish Bank
Ce pub possède
une atmosphère très irlandaise,
surtout avant l'arrivée des jeunes
cadres urbains à 17 h. ✪ 10 Mark
Lane, depuis Bush St • plan P4.

Catégories de prix

Pour un repas avec entrée, plat, dessert et une demi-bouteille de vin (ou repas équivalent), taxes et service compris.	$ moins de 20 $
	$$ 20 $-40 $
	$$$ 40 $-55 $
	$$$$ 55 $-80 $
	$$$$$ plus de 80 $

Enrico's

🔟 Restaurants

1 The Dining Room
Le cadre, le service et la cuisine sont à la hauteur de la réputation du Ritz *(p. 62)*. ⊗ *Ritz-Carlton Hotel, 600 Stockton Street • plan P4 • (415) 773-6198 • AH. • $$$$$.*

2 Tommy Toy's Haute Cuisine Chinoise
Ce restaurant chic au décor somptueux marie les gastronomies chinoise et française. ⊗ *655 Montgomery St • plan N5 • (415) 397-4888 • AH. • $$$$.*

3 Rubicon
Réputé pour sa carte des vins, l'élégant Rubicon compte parmi les meilleures tables de la ville. Les mets sont d'inspiration franco-californienne *(p. 62)*. ⊗ *558 Sacramento St • plan N5 • (415) 434-4100 • ferm. dim. • AH. • $$$$.*

4 One Market
Une vue spectaculaire sur la baie de nuit et des plats de grande qualité. ⊗ *1 Market St sur Steuart • plan N6 • (415) 777-5577 • ferm. dim. • AH. • $$$$.*

5 Enrico's
Si l'Enrico's est avant tout un café d'où contempler l'animation de la rue, la nourriture est exquise. ⊗ *504 Broadway • plan M5 • (415) 982-6223 • AH. • $$.*

6 US Restaurant
Tout, dans ce restaurant italien, malgré son nom, est simple et vrai. ⊗ *515 Columbus Ave • plan L4 • (415) 397-5200 • ferm. lun. • $$.*

7 Capp's Corner
Les habitués viennent ici déguster l'un des minestrones les plus authentiques hors d'Italie. ⊗ *1600 Powell St • plan L4 • (415) 989-2589 • AH. • $$.*

8 Sears Fine Food
Ce café décoré dans le style des années 1950 est une bonne adresse pour un repas rapide *(p. 65)*. ⊗ *439 Powell St • plan P4 • (415) 986-1160 • ferm. mar.-mer. • pas de cartes de paiement • AH. • $.*

9 Clown Alley
De solides classiques américains. ⊗ *42 Columbus Ave • plan M5 • (415) 421-2540 • pas de cartes de paiement • AH. • $.*

10 Hotaling Café
Parfait pour un petit déjeuner ou un lunch, l'Hotaling Café propose des plats du jour comme le vivaneau *(snapper)* au four. ⊗ *60 Hotaling Place • plan M5 • (415) 956-4020 • ferm. sam.-dim. • pas de cartes de paiement • $.*

 Remarque : sauf indication contraire, tous les restaurants acceptent les cartes de paiement et proposent des plats végétariens.

Gauche **Logo, Fort Mason Center** Droite **Hyde Street Pier, Embarcadero**

North Shoreline

Le nord de la ville borde la baie en face de quatre îles : Angel, Treasure, Yerba Buena et Alcatraz. Même s'ils ont aujourd'hui totalement changé de vocation, comme le Pier 39 de Fisherman's Wharf, les quais de l'Embarcadero rappellent l'époque où venait y mouiller une importante flotte de pêche. En se dirigeant vers l'ouest, on rejoint le Fort Mason Center, siège de quelque 50 institutions culturelles, puis l'élégant quartier résidentiel de Marina District. Il s'est développé sur le terrain de la Panama-Pacific de 1915 dont il ne subsiste qu'un seul pavillon : le Palace of Fine Arts néoclassique. Au-delà s'étend le vaste espace boisé du Presidio, où les Espagnols établirent

un avant-poste militaire en 1776. En front de mer, le Crissie Field a été réaménagé en aire de loisirs. La Golden Gate Promenade qui le traverse mène jusqu'à Fort Point et son magnifique point de vue sur le majestueux Golden Gate Bridge enjambant l'entrée de la baie.

Les sites

1. Golden Gate Bridge
2. Fisherman's Wharf
3. Alcatraz
4. Angel, Treasure et Yerba Buena
5. Embarcadero
6. Fort Mason Center
7. Marina District
8. Palace of Fine Arts et Exploratorium
9. Crissy Field
10. Presidio

Ferry Building, Embarcadero

Golden Gate Bridge

1 Golden Gate Bridge
Aussi souvent qu'on l'ait contemplé, le célèbre pont à l'entrée de San Francisco Bay offre toujours un spectacle époustouflant *(p. 8-9)*.

2 Fisherman's Wharf
L'ancien port de pêche de San Francisco est surtout connu, désormais, pour ses restaurants, mais il n'a pas perdu toute son authenticité *(p. 12-13)*.

3 Alcatraz
Cette île ne servit de pénitencier que pendant 30 ans, mais cela suffit à la faire connaître dans le monde entier *(p.14-17)*.

4 Angel Island, Treasure Island et Yerba Buena Island
On vient aujourd'hui librement à Angel Island pour se baigner, pique-niquer, se promener ou faire du vélo ou du kayak. Mais au début du XXe s., les candidats à l'immigration, souvent chinois, obligés d'y transiter y étaient parfois retenus pendant des mois. Elle devint un camp de prisonniers pendant la Seconde Guerre mondiale, puis accueillit une base de missiles. Créée en 1939 pour la Golden Gate International Exposition, puis transformée en base navale pendant la guerre, Treasure Island est devenue très récemment l'un des quartiers résidentiels de San Francisco. Yerba Buena Island abrite un poste de *Coast Guards*. ◈ *Vedettes depuis le Pier 41.*

5 Embarcadero
L'Embarcadero part de l'Aquatic Park et forme un ample arc de cercle jusqu'à Hunters Point, à la pointe sud-est de la ville. Maintenant que le port d'Oakland assure le trafic maritime de la baie, les anciens quais remplissent des fonctions diverses *(p. 49)*. Le plus connu, le Pier 39, a été réaménagé dans les années 1980 et abrite des attractions et de nombreux restaurants. D'autres servent de cadre à des concerts, des festivals et des foires aux antiquaires. Si vous cherchez un quai particulier, tenez compte du fait que ceux qui se trouvent au nord du Ferry Building portent des numéros impairs, et ceux situés au sud, des numéros pairs. ◈ *Plan G1.*

Otaries du Pier 39, Fisherman's Wharf

Séismes !
Les dangers
du comblement

Marina District et Financial District ont été, pour une grande part, gagnés sur la mer, ce qui s'est révélé assez problématique dans une zone de forte activité sismique. Lors du tremblement de terre de Loma Prieta, le 17 octobre 1989 à 5 h 04, des tuyaux de gaz rompirent et plusieurs maisons de Marina District s'effondrèrent. Les immeubles qui reposaient sur le rocher résistèrent le mieux.

Vue du Marina District

6 Fort Mason Center

Depuis 1976, quelque 50 organisations culturelles profitent des bâtiments d'une ancienne base militaire fondée pendant la guerre de Sécession. Ce centre regroupe des musées, des théâtres, des boutiques, des lieux de spectacles et différents instituts. Les structures les plus importantes comprennent le Museum of Craft and Folk Art et le Museo ItaloAmericano *(p. 42)*, la San Francisco African-American Historical and Cultural Society, le Children's Art Theater, le Magic Theater *(p. 57)* et l'Herbst Pavilion. Le Fort Mason Center accueille aussi des manifestations ponctuelles telles que foires et festivals. Le Greens, considéré comme le meilleur restaurant végétarien de la région, jouit d'une vue imprenable sur la baie et le Golden Gate *(p. 97)*. ◈ *Plan F1.*

7 Marina District

Ce quartier résidentiel abrite des bars et des boutiques de mode le long de Chestnut Street. Ses habitants disposent de Marina Green, une vaste pelouse en front de mer, pour courir, pique-niquer ou lancer leurs cerfs-volants dans le vent. À la pointe de la digue qui protège le port de plaisance, le Wave Organ produit des sons grâce à des tuyaux dans lesquels s'engouffrent les vagues. ◈ *Plan E1.*

8 Palace of Fine Arts et Exploratorium

Unique survivant des pavillons construits en 1915 pour la Panama-Pacific Exposition, le palais des Beaux-Arts, de style néoclassique, a connu plusieurs reconstructions et restaurations. Au bord d'une lagune aux rives paysagées, des colonnes corinthiennes supportent la coupole ornée de peintures allégoriques de sa rotonde *(p. 46)*. Derrière, un bâtiment industriel abrite l'Exploratorium. Ce musée des sciences très distrayant propose 700 expositions divisées en 13 secteurs en fonction de thèmes comme l'électricité, le mouvement, le climat ou la vue *(p. 58)*. ◈ *3601 Lyon St • plan E1 • ouv. été : t.l.j. 10h-18h (mer. 21h) ; hiver : mar.-dim. 10h-17h, mer. 10h-21h • EP.*

9 Crissy Field

Un marécage et des dunes se partageaient à l'origine ce terrain comblé en 1915 pour la Pan-Pacific Exposition, puis recouvert en dur pour servir

*Programme des activités proposées au Fort Mason Center :
(415) 979-3010.*

de base aérienne militaire entre 1916 et 1939. Lors de la transformation du Presidio en parc national, un vaste programme de réhabilitation a rendu une partie du Crissy Field au marais et doté l'autre de pelouses, d'allées et d'aires de pique-nique. Elle ménage un excellent point de vue sur les feux d'artifice du 4 juillet. Longue de 5 km, la Golden Gate Promenade traverse le quartier d'Aquatic Park à Fort Point. ✆ Plan D1.

10 The Presidio

Ce splendide terrain boisé s'étend à l'entrée du Golden Gate Bridge. Occupé, de 1766 à 1994, par les armées espagnole, mexicaine puis américaine, il fait désormais partie de la Golden Gate National Recreational Area. Les projets concernant son aménagement restent en cours de discussion. En attendant, promeneurs et cyclistes profitent des sentiers et des pistes qui serpentent dans la verdure. Certains bâtiments sont en train d'être transformés en centres culturels, d'autres entretiennent le souvenir du passé militaire du site, et beaucoup restent des résidences. Une partie du parc devrait être réservée un usage commercial *(p. 48)*. ✆ Plan D2.

Ancien club des officiers, Presidio

Le Presidio à bicyclette

Partez du Visitor Information Center, qui fournit une excellente carte, et découvrez tout d'abord le Main Post, où vous pourrez sillonner le Parade Ground et voir les plus anciens bâtiments du Presidio, bâtis dans les années 1860. L'ancien club des officiers conserve des fragments de murs en adobe construits par les Espagnols au XVIIIe s.

Sortez du Main Post sur Sheridan, longez le Golden Gate Club de style Colonial Revival, et tournez à gauche dans Lincoln, qui serpente autour du National Military Cemetery. Prenez McDowell à droite. Vous verrez sur votre gauche les Cavalry Barracks de style Colonial Revival. De 1902 à 1904, cette caserne abrita les « *Buffalo Soldiers* » afro-américains.

Dépassez les cinq écuries en brique qui se trouvent sur votre gauche et votre droite, et arrêtez-vous au curieux Pet Cemetery, sur la gauche, un cimetière de chiens de garde et d'animaux domestiques. Passez sous Highway 101 pour découvrir le Stilwell Hall, édifié en 1921 pour abriter une caserne de simples soldats et un *mess* d'aviateurs. Tournez à gauche. Les hangars métalliques de l'ancien aérodrome datent de la même époque. Poursuivez jusqu'au **Crissy Field** pour admirer la baie.

Faites demi-tour et rejoignez la Golden Gate Promenade. Elle vous mènera au point de vue de Fort Point et au **Golden Gate Bridge** *(p.8-9)*.

Location de bicyclettes : **p.134**. Le Presidio Visitor Center est temporairement situé au Presidio Officer's Club (jusqu'en 2005).

Gauche **Tablettes de chocolat Ghirardelli** Droite **Peinture des Wyland Galleries**

Boutiques des quais

1 Ghirardelli Chocolate
Profitez de la possibilité de déguster avant de faire des réserves de vos variétés préférées. Les *cable cars* en chocolat blanc ou au lait font de délicieux souvenirs. ❂ *Ghirardelli Square, 900 North Point St • plan K2.*

2 Operetta
Operetta propose une belle collection de poteries artisanales italiennes de Sicile, Ombrie et Toscane notamment. ❂ *Ghirardelli Square, 900 North Point St • plan K2.*

3 Pearl of Orient
Cette boutique primée vend des perles fines de culture à des prix très raisonnables. Elle possède un personnel bien informé sur les soins qu'elles réclament. ❂ *Ghirardelli Square, 900 North Point St • plan K2.*

4 Russian Treasure
Comme son nom l'indique, ce magasin est spécialisé dans l'artisanat russe. Vous y trouverez, entre autres, des poupées gigogne de styles variés. ❂ *The Cannery, 1ᵉʳ étage, 2801 Leavenworth St • plan J2.*

5 Golden Gate National Parkstore
Cette boutique change agréablement des commerces clinquants des alentours de Fisherman's Wharf. Elle permet de s'informer sur les parcs de Bay Area et d'acquérir de petits souvenirs. ❂ *75 Jefferson St • plan J3.*

6 N.F.L. Shop
Voici l'endroit où dénicher le maillot ou la casquette aux couleurs de votre équipe américaine préférée, quel que soit le sport concerné. Les SF 49ᵉʳˢ et les SF Giants sont bien entendu à l'honneur. ❂ *Pier 39, rez-de-chaussée • plan J4.*

7 Collectibles of Asia
Très différente des commerces de babioles qui dominent au Pier 39, cette boutique propose d'authentiques antiquités chinoises, telles que sculptures et céramiques, à des prix abordables. ❂ *Pier 39, 1ᵉʳ étage, Building P, n° 214 • plan J4.*

8 Wyland Galleries
Cette galerie vend les gravures, les peintures et les sculptures d'un artiste dont les fresques couvrent des murs dans le monde entier. Elles ont toutes pour sujet les créatures du monde sous-marin. ❂ *Pier 39, 1ᵉʳ étage, n° 209 • plan J4.*

9 Cost Plus
Les produits d'importation réunis par Cost Plus réservent toujours d'agréables surprises. ❂ *2552 Taylor St • plan K3.*

10 Book Bay Bookstore
Livres, disques et CD d'occasion aux meilleurs prix. Les bénéfices servent à financer des projets dans les bibliothèques de San Francisco. ❂ *Fort Mason Center, Building C • plan F1.*

Catégories de prix

Pour un repas avec	**$** moins de 20 $
entrée, plat, dessert et	**$$** 20 $-40 $
une demi-bouteille de vin	**$$$** 40 $-55 $
(ou repas équivalent),	**$$$$** 55 $-80 $
taxes et service compris.	**$$$$$** plus de 80 $

McCormick and Kuleto's

Restaurants

1 Gary Danko
La carte de plats franco-américains vous permet de créer votre propre sélection à prix fixe. Si vous n'avez pas réservé de table, vous pouvez aussi commander au bar. ⊗ *800 North Point St sur Hyde • plan K2 • (415) 749-2060 • AH • $$$$$.*

2 Lapis
L'intérieur est spacieux, et un mur vitré offre une vue spectaculaire de la baie. La cuisine est d'inspiration méditerranéenne. ⊗ *Pier 33, The Embarcadero sur Bay • plan K5 • (415) 982-0203 • ferm. dim. • AH • $$$.*

3 Ana Mandara
Le décor évoque un peu Las Vegas, mais les mets indochinois se révèlent savoureux. ⊗ *891 Beach St sur Polk • plan K1 • (415) 771-6800 • AH • $$$.*

4 Isa
On assiste à la préparation des délicieux « tapas nouvelle cuisine », spécialité du lieu, depuis la minuscule salle à manger. ⊗ *3324 Steiner St entre Chestnut et Lombard • plan E2 • (415) 567-9588 • AH • $$$.*

5 McCormick and Kuleto's
La vue participe au plaisir offert par le plateau de fruits de mer. ⊗ *Ghirardelli Sq, 900 North Point St • plan K2 • (415) 929-1730 • AH • $$.*

6 Greens
Depuis 20 ans, le Greens célèbre le végétarianisme grâce à des plats inventifs *(p. 62).* ⊗ *Fort Mason Center, Buchanan St, Bldg A • plan F1 • (415) 771-6222 • AH • $$$.*

7 Gaylord India
Pour un repas de princier au son de musique indienne, essayez le buffet du brunch du dimanche *(p. 63).* ⊗ *Ghirardelli Sq, 900 North Point St • plan K2 • (415) 771-8822 • $$.*

8 Scoma's
Ce restaurant de fruits de mer de Fisherman's Wharf existe depuis 1965 *(p. 12),* et propose un savoureux crabe rôti en sauce à l'ail et à l'huile d'olive.

9 Grandeho's Kamekyo
Cet excellent restaurant japonais propose, entre autres, des sushis. ⊗ *2721 Hyde St entre Beach et North Point • plan K2 • (415) 673-6828 • AH • $$$.*

10 The Buena Vista Café
Le Buena Vista sert des classiques américains et revendique la paternité de l'Irish Coffee. ⊗ *2765 Hyde St • plan K2 • (415) 474-5044 • AH • $$.*

> **Remarque** : sauf indication contraire, tous les restaurants acceptent les cartes de paiement et proposent des plats végétariens.

Visiter San Francisco – North Shoreline

Gauche **Union Street** Droite **Golden Gate Park**

Quartiers du centre

*C*omme partout à San Francisco, la diversité règne dans cette vaste zone
urbaine dominée par la colline de Pacific Heights, où résident aussi
bien les grandes fortunes et les plus vieilles familles de la cité que certains
de ses habitants les plus pauvres ; ses hommes politiques les plus
conservateurs comme ses idéalistes les plus extrêmes. Les classes moyennes
y occupent également une grande place, et, même
dans les quartiers qui ne possèdent
pas une ambiance ou des édifices caractéristiques,
les San-Franciscains s'emploient à profiter de la
beauté de leur ville et des plaisirs qu'elle offre.

Spreckels Mansion

🔟 Les sites et quartiers

1 Golden Gate Park
2 Union Street
3 Pacific Heights
4 Japantown
5 Haight-Ashbury
6 Hayes Valley
7 Geary Boulevard
8 Presidio Heights
9 Western Addition
10 Richmond District

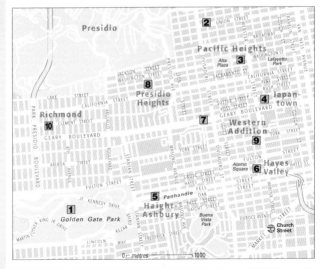

1 Golden Gate Park
Ce vaste parc a beaucoup à offrir, notamment plusieurs musées. Une visite de la ville ne saurait être complète sans la découverte d'au moins quelques-uns de ses trésors *(p. 20-23)*.

2 Union Street
Au cœur du quartier de Cow Hollow, nommé d'après les pâturages dont il occupe l'emplacement, cette rue commerçante est appréciée pour ses librairies, ses boutiques de mode, ses cafés et ses magasins d'antiquités installés dans des maisons victoriennes reconverties *(p. 51)*. ✎ *Plan E2*.

3 Pacific Heights
Ce quartier résidentiel très chic domine la baie depuis une colline culminant à 90 m d'altitude. Les pâtés de maisons entourés par les deux parcs qui aèrent Pacific Heights, Alta Plaza et Lafayette Park, en constituent le cœur, mais les alentours restent très élégants, même au-delà de Gough Street et Divisadero Street. Quand il fait beau, il est agréable de se promener dans ses rues bordées de riches demeures et de profiter de vues époustouflantes.

Maison typique de Pacific Heights

Japantown

De style Beaux-Arts, la plus belle maison, Spreckels Mansion, se dresse à l'angle de Washington et Octavia. Elle appartient désormais à la romancière à succès Danielle Steele *(p. 53)*. ✎ *Plan E2*.

4 Japantown
Pôle de la communauté japonaise depuis environ 75 ans, Fillmore District bénéficia d'un projet d'aménagement dans les années 1960. La démolition de plusieurs pâtés de maisons victoriennes décrépites permit la construction de la Geary Expressway et du vaste centre commercial du Japan Center. Des joueurs de tambours *taiko* s'y produisent en avril pour le Cherry Blossom Festival *(p. 74)*. Au centre de Peace Plaza se dresse une pagode en béton haute de 22 m et dessinée d'après un plan traditionnel. Les galeries marchandes abritent boutiques, restaurants, bains et un cinéma de huit salles. Le centre commercial en plein air situé de l'autre côté de Post Street renferme des commerces plus authentiques. ✎ *Plan F3*.

Positively Haight Street, Haight-Ashbury

5 Haight-Ashbury

Le tremblement de terre et l'incendie de 1906 épargnèrent les gracieuses maisons Queen Anne de ce quartier urbanisé à la fin du XIXᵉ s., qui conserve une ambiance marquée par le mouvement hippie des années 1960 et 1970 *(p. 55)*. Le *San Francisco Sound* typique de l'époque reste à l'honneur dans bien des cafés. Les boutiques de fripes, de disques d'occasion et de livres et d'articles ésotériques abondent toujours. Certaines des façades sont peintes de motifs psychédéliques. Le Lower Haight est réputé pour ses bars et ses boîtes de nuit à la pointe des nouvelles tendances. ✪ *Plan D4.*

Flower Power

En 1967, le « *Summer of Love* », monté en épingle par les médias, fit converger à San Francisco plus de 100 000 adolescents séduits par la musique du Jefferson Airplane, Janis Joplin, Jimi Hendrix, Grateful Dead et des Doors. L'amour était libre, l'accès aux concerts également, et la nourriture et les soins médicaux étaient gratuits eux aussi. Trop souvent induit par la drogue, le rêve ne pouvait pas durer, mais il a marqué toute une génération.

6 Hayes Valley

Cette ancienne zone de taudis réputée pour ses tensions raciales est devenue l'un des quartiers commerçants les plus branchés de San Francisco. La métamorphose a été amorcée par la démolition d'une cité de logements sociaux et d'un horrible viaduc d'autoroute endommagé lors du tremblement de terre de 1989. Deux fêtes de quartier, au milieu de l'été et à Noël, créent encore davantage d'animation dans les rues. ✪ *Plan F4.*

7 Geary Boulevard

Cette longue artère et son prolongement, Geary Street, forment une grande voie de circulation qui traverse pratiquement toute la ville d'ouest en est. Elle ne présente pas un visage très engageant, mais se révèle vraiment pratique. Partant de Market Street, elle longe Union Square, forme le cœur de Theater District, pénètre dans Tenderloin, un quartier de clubs miteux, puis franchit Van Ness et traverse Japantown et Fillmore District pour atteindre bientôt Richmond District et l'océan Pacifique. ✪ *Plan F3.*

8 Presidio Heights

Gagné sur des terrains faisant jadis partie du « Grand désert de sable », ce quartier résidentiel a pour pôle la discrète zone commerçante de Sacramento Street. Son architecture, surtout, justifie d'y faire une promenade. Les bâtiments intéressants comprennent la Swedeborgian Church, au 2107 Lyon Street, la Roos House du 3500 Jackson Street et le Temple Emanu-El du 2 Lake Street. ✪ *Plan D3.*

9 Western Addition

Ce quartier, aussi, resta longtemps un terrain vague sablonneux. Après la Seconde Guerre mondiale, il se peupla d'Afro-Américains venus des États du Sud pour trouver du travail, et devint vite réputé pour ses clubs de jazz et de blues, dont la Boom Boom Room, qui eut John Lee Hooker pour propriétaire jusqu'à sa mort en 2001. Western Addition reste aujourd'hui principalement afro-américain et présente un visage assez décrépit. Il abrite la curieuse St Mary's Cathedral *(p. 44)* et le photogénique Alamo Square *(p. 48)*. ◈ *Plan E3.*

10 Richmond District

Cette plate zone de maisons mitoyennes part de Masonic Street, entre le Golden Gate Park et California Street, et s'étend jusqu'à l'océan. Plus on se dirige vers l'ouest, et plus la brume tend à se densifier. Le quartier possède une population *middle class* d'une grande diversité ethnique : des Russes blancs et des Juifs d'Europe de l'Est, et, depuis peu, des Sino-Américains et des immigrés de l'ancienne Union soviétique. ◈ *Plan C3.*

Boutique russe, Richmond District

Haight-Ashbury hippie

Partez d'**Alamo Square** *(p. 49)*. Au 1998 Fulton se dresse la Westerfield House où résida Ken Kesey, auteur marquant du mouvement psychédélique dans les années 1960. Remontez Scott, à l'angle de la maison, et prenez Page jusqu'au n° 1090, où débuta le groupe Big Brother and the Holding Company. Un peu plus loin, tournez à droite dans Lyon. Janis Joplin vécut au n° 112 pendant la majeure partie de l'année 1967 *(p. 55)*.

Continuez jusqu'au Panhandle, une extension du Golden Gate Park où le Jimi Hendrix Experience donna un concert gratuit en juin 1967. Prenez à gauche dans Central et montez jusqu'au très raide **Buena Vista Park** *(p. 48)*, site de « *love-in* » dans les années 1960 et 1970. Tournez à droite dans Haight jusqu'au 1400 et **Positively Haight Street,** une boutique de cadeaux typique et élégante.

Poursuivez jusqu'au célèbre carrefour de Haight-Ashbury, puis jusqu'à Clayton Street. Au n° 558, la légendaire Free Clinic continue d'assurer des soins gratuits. Reprenez des forces au **People's Café** *(p. 105)*.

En continuant vers le parc, prenez Stanyan à droite pour rejoindre Fulton. Cette rue abrite, au n° 2400, l'ancienne Jefferson Airplane Mansion jadis peinte en noir. Le Hippie Hill du **Golden Gate Park** *(p. 20-23)* offre une conclusion idéale à la promenade.

→ *Pages suivantes :* **Victorian Conservatory, Golden Gate Park**

Gauche **Fumiki** Droite **John Wheatman and Associates**

TOP 10 Boutiques

1 John Wheatman and Associates

Le salon d'exposition est d'une élégance discrète quelque peu orientale. Si vous n'êtes pas intéressé par les antiquités ou le design, vous apprécierez les céramiques et les peintures. ◈ *1933 Union St • plan F2.*

2 Fumiki

Tout le Japon, ancien et contemporain, des céramiques jusqu'aux meubles rustiques ou raffinés. ◈ *2001 Union St sur Buchanan • plan F2.*

3 Carol Doda's Champagne & Lace Lingerie Boutique

La première gogo danseuse à avoir pratiqué seins nus à San Francisco a ouvert cette boutique de lingerie pour hommes et femmes dans les années 1990. Bien entendu, la sélection marque un faible pour l'affriolant. ◈ *1850 Union St • plan F2.*

4 Tuffy's Hopscotch

Cette boutique colorée vend surtout des chaussures et des vêtements pour enfants, mais vous y trouverez aussi quelques jouets et cadeaux. ◈ *3307 Sacramento St • plan E3.*

5 Worldware

Un couple de décorateurs d'intérieur a réuni cette somptueuse collection, venue du monde entier, de cadeaux et d'objets pour la maison. ◈ *336 Hayes St • plan F4.*

6 Polanco

Cette galerie d'art mexicain expose des bijoux en argent, des saints en bois peint et les œuvres d'artistes prometteurs. ◈ *393 Hayes St • plan F4.*

7 L'Art Deco Français

Deux Français spécialistes de l'Art déco proposent dans leur magasin san-franciscain une remarquable collection de tables, de lampes, d'objets en fer forgé, de céramiques, de verreries, de peintures et de sculptures. ◈ *1680 Market St • plan F4.*

8 Comix Experience

Ouverte en 1989, cette boutique de passionnés a été plusieurs fois primée pour la richesse de sa sélection de bandes dessinées américaines, neuves et d'occasion. ◈ *305 Divisadero St • plan E4.*

9 Forever After Books

Aux « livres pour toujours », des piles de volumes d'occasion occupent tout l'espace. Ce qui n'empêche pas les propriétaires de savoir où chercher, quoi que vous demandiez. ◈ *1475 Haight St • plan E4.*

10 Amoeba Music

Cette insititution californienne garde en stock des milliers de disques vinyles, de cassettes et de CD neufs et d'occasion. Elle propose aussi une riche sélection de DVD et d'affiches ◈ *1855 Haight St • plan D4.*

Comment acheter à San Francisco **p. 140**

Prego

Catégories de prix

Pour un repas avec	**$** moins de 20 $
entrée, plat, dessert et	**$$** 20 $-40 $
une demi-bouteille de vin	**$$$** 40 $-55 $
(ou repas équivalent),	**$$$$** 55 $-80 $
taxes et service compris.	**$$$$$** plus de 80 $

Restaurants

1 Perry's
Le Perry's sert une cuisine typiquement américaine : hamburgers, *meatloaf* (pain de viande), *prime rib* (côte de bœuf) et poulet frit. 🕲 *1944 Union St • plan F2 • (415) 922-9022 • AH • $$.*

2 Prego
Ce restaurant italien de qualité, aux serveurs à l'élégance nonchalante, est toujours animé, mais l'attente pour une table n'est jamais très longue. 🕲 *2000 Union St • plan F2 • (415) 563-3305 • AH • $$.*

3 Yoshida-Ya
Malgré de remarquables sushis, ce restaurant japonais doit surtout sa réputation aux brochettes de volaille appelées *yakitori*. 🕲 *2909 Webster St • plan E2 • (415) 346-3431 • AH • $$.*

4 The Grove
Un grand feu et le mobilier évoquent un chalet de montagne. La carte propose des plats comme une tarte au poireau et au fromage de chèvre, et du hachis Parmentier *(shepherd's pie).* 🕲 *2016 Fillmore St • plan E3 • (415) 474-1419 • AH • $$.*

5 Miyako
Dans la galerie marchande de Japantown, le Miyako sert un large éventail de spécialités japonaises, notamment à base de nouilles de blé *(udon).* 🕲 *Japantown, 1707 Buchanan Mall • plan F3 • (415) 567-6552 • $$.*

6 Absinthe
Le plateau de fruits de mer et le coq au vin font partie des classiques appréciés des habitués de cette brasserie très française. 🕲 *398 Hayes St • plan F4 • (415) 551-1590 • ferm. lun. • AH • $$$.*

7 Fritz
Crêpes et frites sont à l'honneur dans ce restaurant belge doté d'un patio. 🕲 *579 Hayes St • plan F4 • (415) 864-7654 • AH • $.*

8 Powell's Place
Une excellente cuisine traditionnelle afro-américaine, dont de divins *Bar-BQ ribs* (travers de porc mariné). 🕲 *511 Hayes St • plan F4 • (415) 863-1404 • $.*

9 Zaré
Le Zaré est l'endroit où manger californien sur Haight Street. 🕲 *1640 Haight St • plan E4 • (415) 861-8868 • AH • $$.*

10 People's Café
Un café ouvert en permanence. 🕲 *1419 Haight St • plan E4 • (415) 553-8842 • AH • $.*

Remarque : sauf indication contraire, tous les restaurants acceptent les cartes de paiement et proposent des plats végétariens.

Gauche **Bar, Castro District** Droite **Vue depuis Twin Peaks**

Quartiers du sud

L e sud de San Francisco renferme certains de ses quartiers les plus vivants
et les plus animés : SoMa, réputé pour ses boîtes de nuit ; Castro, pôle
coloré de la communauté homosexuelle ; et Mission District, à la population
latino-américaine et aux façades décorées de murals. D'autres, comme
Bernal Heights et Glen Park, commencent à séduire une jeunesse bohème
fuyant les loyers élevés du centre. Noe Valley fut le premier à connaître
cette évolution, mais il s'est à son tour embourgeoisé.

🔟 Sites et quartiers

1 San Francisco Museum of Modern Art
2 Mission Dolores
3 Castro District
4 Twin Peaks
5 Noe Valley
6 Mission District
7 South of Market
8 Yerba Buena Center
9 China Basin
10 Potrero Hill

Église de Noe Valley

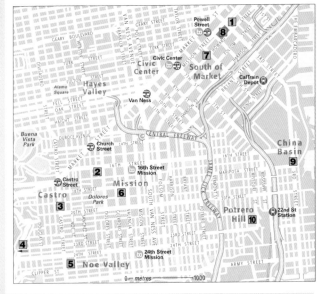

Statue de saint Joseph, Mission Dolores

San Francisco Museum of Modern Art

Le SFMOMA occupe un édifice élégant, dessiné par l'architecte Mario Botta. Il s'organise autour d'un puits de lumière central et offre 4 000 m² d'espace d'exposition à une riche collection permanente d'art moderne et contemporain. Ne manquez pas les étages supérieurs qui abritent des installations vidéo et numériques à la pointe des recherches actuelles (p. 26-29).

Mission Dolores

Fondée en 1776, quelques jours avant la Déclaration d'Indépendance, l'ancienne Misión San Francisco de Asís a donné son nom à la ville et reste l'unique témoin de ses origines espagnoles (p. 30-31).

Castro District

Le quartier vallonné qui s'étend autour du croisement de Castro Street et de 18th Street est devenu, dans les années 1970, la Mecque de la communauté homosexuelle de San Francisco. Première du monde à revendiquer ouvertement sa différence, dans le sillage des mouvements contestataires des années 1960 comme le *Flower Power,* elle est particulièrement réputée pour ses fêtes costumées. Celle d'Hallowe'en (31 octobre), considérée comme la plus réussie avec la Gay Pride Parade *(p. 75),* envahit Castro Street, fermée pour l'occasion aux voitures. De nombreux bars et restaurant ouverts sur la rue, ainsi que des magasins insolites, entretiennent une animation permanente. ◈ *Plan E5.*

Twin Peaks

Les Espagnols baptisèrent El Pecho de la Chola (la Poitrine de l'Indienne) ces deux collines jumelles qui atteignent, au centre de San Francisco, une altitude de 265 m. Le Twin Peaks Boulevard en fait le tour près du sommet, et un parc de stationnement offre un beau point de vue. Les visiteurs prêts à gravir le sentier abrupt qui grimpe plus haut découvrent un panorama à 360° de la ville et de la baie *(p. 60).* Très cotées, les zones résidentielles qui s'étagent sur le bas des pentes possèdent des rues curvilignes épousant les contours du relief, contrairement au système de quadrillage habituel à San Francisco. ◈ *Plan E6.*

Castro Theater, Castro District

5 Noe Valley

Ce quartier était à l'origine ouvrier, mais il commença à attirer une population bohème de hippies, de gays et d'artistes dans les années 1970. À son apogée, il prit le surnom de « Nowhere Valley » (vallée de nulle part) pour son relatif isolement, puis de « Granola Valley » (vallée muesli) en référence aux habitudes diététiques de ses habitants. Aujourd'hui, ceux-ci appartiennent de plus en plus aux classes moyennes, mais 24th Street, longée de cafés, de librairies et de quelques boutiques farfelues, reste très animée. Plan E6.

6 Mission District

Le quartier hispanique de San Francisco doit son nom à la Mission Dolores à l'origine de la ville (p. 30-31). Il est réputé pour les peintures murales qui décorent ses immeubles (p. 47), et pour son atmosphère latino-américaine. Une foule bruyante et diverse arpente ses artères principales, Mission Street et Valencia Street, ainsi que les rues voisines, entre Market et Cesar Chavez (Army Street), où abondent les *taquerias* et les cafés animés, les clubs de salsa et les boutiques d'articles religieux. En mai, n'y manquez pas le carnaval (p. 74). Plan F5.

Une ville gay

Les luttes des années 1960 pour la libération sexuelle et les droits des minorités raciales et des femmes amenèrent les homosexuels à prendre conscience de leurs propres revendications. Ils hissèrent le drapeau arc-en-ciel dans Castro District, qui devint vite réputé pour son ambiance débridée, et exerça un pouvoir d'attraction dans tout le pays. La communauté gay se développa. Elle possède aujourd'hui un réel poids politique dans la ville.

7 South of Market

Cet ancien quartier d'entrepôts mal famé est devenu très en vogue auprès des créateurs branchés, et abrite désormais de nombreux clubs et cafés. Entamée avec la construction du Moscone Center, sa réhabilitation devrait se poursuivre dans le sillage de la construction du Pacific Bell Park (p. 29). Plan R4.

8 Yerba Buena Center

Le complexe culturel des Yerba Buena Gardens ne cesse de s'enrichir. Il est déjà devenu un des hauts lieux des performances artistiques à San Francisco, et compte plusieurs musées reflétant la diversité ethnique de la ville (p. 28-29).

9 China Basin

Cet ancien port de marchandises n'a pas échappé à la vague d'intérêt suscitée par d'anciennes zones industrielles. Pour le moment, le principal changement est venu de la construction du Pacific Bell Park, le nouveau stade

Peinture murale, Mission District

SoMa Esplanade

de l'équipe de base-ball des San Francisco Giants, mais des promoteurs ont déjà proposé de nouveaux projets, et des restaurants, bars et boîtes de nuit, ayant souvent vue sur la baie, ont ouvert ou ont connu une rénovation. ◈ Plan H4.

10 Potrero Hill

Cette colline de SoMa ménage des vues splendides et devait, il y a peu, devenir le nouveau quartier dans le vent. Mais ses pentes abruptes et les autouroutes qui la cernent sur trois côtés ont mis un terme à cette évolution. Quelques commerces plus haut de gamme et de nouveaux bars et restaurants y ont bien ouvert leurs portes, mais Potrero a gardé son caractère résidentiel et heureux de l'être. Très populaire auprès des enfants, la Basic Brown Bear Factory, une fabrique de peluches, propose des visites guidées toutes les heures. L'Anchor Brewing Company brasse toujours ses bières dans des cuves en cuivre, mais n'est ouverte au public que l'après-midi et sur réservation.
◈ Plan H5 • Basic Brown Bear Factory : 2801 Leavenworth St, 1er étage ; plan H5. • Anchor Brewing Company : 1705 Mariposa St ; plan H5.

Une promenade à Castro District

Partez de la Mecque gay de la ville, la station Muni de Church Street, sur Upper Market. C'est à cet angle de rue que s'est pour la première fois affirmée une identité homosexuelle. Toutefois, les boutiques et les lieux de rencontres ne deviennent vraiment nombreux qu'un peu plus loin, entre Sanchez et Noe. Le **Café Flore** (p. 65) offre un cadre typique du quartier pour prendre un verre ou un repas, ou simplement contempler les clients aller et venir.

Au 2348 Market, le **Detour** (p. 68) est l'un des plus populaires et des plus anciens bars strictement masculins, où ne manquent même pas les gogo dancers.

En continuant vers Castro Street, remarquez le grand drapeau arc-en-ciel qui flotte sur l'Harvey Milk Plaza. Dans l'angle opposé, le **Twin Peaks,** au 401 Castro St, est le premier bar à s'être affiché comme gay, avec ses grandes vitres permettant de voir aussi bien à l'intérieur qu'à l'extérieur.

Au n° 429 se dresse le Castro Theater, un cinéma des années 1920 classé monument historique et renommé pour sa programmation d'art et d'essai. Un peu plus loin, au n° 489, **A Different Light Bookstore** (p. 110) propose un incroyable éventail de publications gay et lesbiennes.

Enfin, un peu plus haut sur 18th Street, le **Badlands** (p. 69), au n° 4121, est un lieu de drague souvent bondé, surtout après 22 h.

Gauche **Brand X Antiques** Droite **Tibet Shop**

TOP 10 Boutiques

1 Ed Hardy San Francisco
Dans un bâtiment d'inspiration palladienne, le meilleur antiquaire de San Francisco vend des pièces rares, comme des tableaux de maîtres européens et des objets chinois datant de la dynastie Shang (1765-1122 av. J.-C.). 🔊 *188 Henry Adams St • plan G4.*

2 Jeremy's
Les connaisseurs hommes et femmes viennent s'habiller à prix réduit en Prada, Gucci, Armani, Ralph Lauren ou DKNY dans cet incroyable magasin de vêtements dégriffés. 🔊 *2 South Park • plan R6.*

3 A Different Light Bookstore
Cette librairie homosexuelle est probablement la mieux achalandée du monde, depuis les livres d'art, de poésie et de photographies, jusqu'aux périodiques et aux cartes de vœux. 🔊 *489 Castro St • plan E5.*

4 Brand X Antiques
Bijoux, meubles et curiosités érotiques homos voisinent dans cette boutique d'antiquités. 🔊 *570 Castro St • plan E5.*

5 Tibet Shop
Tibet Shop propose un large choix de vêtements, bijoux et objets divers en provenance du Tibet, du Népal et du Bhoutan, à des prix très raisonnables. 🔊 *4100 19th St sur Castro • plan E5.*

6 Astrid's Rabat Shoes
Si les pentes abruptes des collines de San Francisco mettent vos chaussures à trop rude épreuve, cette boutique de Noe Valley vous permettra de vous rééquiper sans sacrifier le style au confort et à la solidité. 🔊 *3909 24th St • plan F6.*

7 Oya Nike Cultural
Oya Nike renferme une sélection de sculptures et de masques africains, ainsi que de l'encens, et des herbes et poudres officinales. 🔊 *3274 23rd St • plan F5.*

8 Encantada Gallery
De nouvelles enseignes ouvrent presque tous les mois sur Valencia Street. Celle-ci a pour spécialité l'artisanat mexicain : poteries, textiles, peintures religieuses et sculptures sur bois. 🔊 *904-8 Valencia St • plan F5.*

9 Botanica Yoruba
Les adeptes de la santeria, une religion syncrétique cubaine répandue dans la population latino-américaine, trouvent ici tous les ingrédients nécessaires aux rites *(p. 45).* 🔊 *998 Valencia St • plan F5.*

10 Skechers
Skechers, un fabricant de chaussures pour hommes, femmes et enfants, possède un vaste magasin dans Mission District. 🔊 *2600 Mission St • plan F5.*

Gauche **Ten 15 Folsom** Droite **Make-Out Room**

🔟 Boîtes de nuit

1 Keur Baobab
Au cœur de Mission, on boit dans ce club sénégalais des cocktails au gingembre frais et aux jus de fuits exotiques, en écoutant de la musique d'Afrique de l'Ouest. 🔌 3388 19th St • plan F5.

2 Make-Out Room
Le Make-Out Room accueille des groupes et des DJs, et possède un décor original. Les boissons sont bon marché et le personnel a de l'humour. 🔌 3225 22nd St sur Mission • plan F5.

3 Café
Dans cette vieille boîte kitsch de Castro, fréquentée à parts égales par des gays, des lesbiennes et des hétérosexuels, chacun peut trouver quelque chose – et quelqu'un – à son goût . 🔌 2367 Market St sur Castro • plan E5.

4 AsiaSF
Les travestis asiatiques qui font le service se donnent aussi en spectacle. Les cocktails tropicaux luisent dans le noir, la cuisine est excellente et le sous-sol abrite une discothèque. 🔌 201 9th St sur Howard • plan G4.

5 The Endup
Anciennement réservé aux gays, ce classique cité dans les *Chroniques de San Francisco* (p. 52) attire désormais une clientèle mixte. On y danse toute la journée le dimanche. 🔌 401 6th St sur Harrison • plan R4.

6 The Stud
Ouvert depuis 1966 et jadis exclusivement gay, le Stud accueille désormais tous ceux qui souhaitent passer un bon moment. Programmé le mardi soir à minuit, *Trannyshack* est un fabuleux spectacle de travestis. 🔌 399 9th St sur Harrison • plan G4.

7 111 Minna
Galerie d'art pendant la journée, le 111 Minna se transforme certains soirs, à partir de 17 h, en bar et boîte de nuit. Les DJs jouent d'une large palette, du garage-rock à la world-music. 🔌 111 Minna St entre New Montgomery et 2nd • plan P5.

8 El Rio
El Rio change de genre de danse chaque soir de la semaine. Le *Friday World Beat* et le *Sunday Salsa Showcase* connaissent un grand succès. 🔌 3158 Mission St • plan F5.

9 Cat Club
Beaucoup de bruit et beaucoup de monde, comme on peut s'y attendre dans une boîte chic et courue de SoMa. Le mercredi, le Cat accueille les soirée du club Bondage-a-Go-Go. 🔌 1190 Folsom St sur 8th St • plan G4.

10 Ten 15 Folsom
Éclairage spectaculaire et musique trance et techno sur trois niveaux (p. 70). 🔌 1015 Folsom St sur 6th • plan R4.

Visiter San Francisco – Quartiers du sud

Gauche **The Bar on Castro** Droite **Destino**

10 Bars et clubs

1 Lucky 13
On se retrouve ici entre punks pour comparer ses nouveaux tatouages. Le juke-boxe met à l'honneur le rock « indé ». ⊗ 2140 Market St sur Church • plan F4.

2 DNA Lounge
Cette boîte de nuit vient de rouvrir avec un meilleur système de sonorisation, cinq aires où boire et une plus grande piste de danse. Elle accueille régulièrement des concerts. ⊗ 375 11th St sur Harrison • plan G4.

3 Destino
Le Destino sert une excellente cuisine d'Amérique centrale et du Sud. La musique et les danses y sont aussi hispaniques (p. 67). ⊗ 1815 Market St • plan F4.

4 The Bar on Castro
Ce bar confortable est devenu très populaire auprès des gays de tous âges. On ne peut ni y manger ni y danser, mais il se révèle idéal pour commencer une soirée avec des amis. ⊗ 456 Castro St • plan E5.

5 Azie
Les saveurs asiatiques profitent ici du savoir-faire français. Le bar sert des cocktails au sake que l'on peut accompagner, entre autres, des « neuf bouchées », un assortiment d'amuse-gueules. ⊗ 826 Folsom St entre 4th et 5th • plan R4.

6 Kate O'Brien's
Typiquement irlandais, de la Guinness au fish'n'chips, ce vaste pub de SoMa, aux habitués décontractés, offre un cadre accueillant où souffler après une journée chargée. ⊗ 579 Howard St entre 1st et 2nd • plan P6.

7 Odeon
Apprécié des artistes de la région, ce club original possède un juke-box garni exclusivement des morceaux joués par des talents locaux. Le programme des soirées est aussi varié que farfelu. ⊗ 3223 Mission St • plan F6.

8 Amber
L'ancien Zodiac attire une foule mélangée qui apprécie ses cocktails, parmi les plus réputés de la ville, et le nouveau décor évoquant les années 1970. La musique change avec le DJ, et l'on peut fumer. ⊗ 718 14th St entre Church et Sanchez • plan F4.

9 Rawhide II
Le Rawhide accueillait jadis des hommes amateurs de musique country. Il s'est mis à l'électro, mais reste plutôt gay. Le décor n'a rien perdu de son cachet Far West. ⊗ 280 7th St entre Folsom et Howard • plan R3.

10 Pow !
Les clients peuvent utiliser gratuitement deux consoles Playstation. Des écrans diffusent des dessins animés japonais. ⊗ 101 6th St sur Mission • plan R3.

Pancho Villa Taqueria

Catégories de prix

Pour un repas avec	**$** moins de 20 $
entrée, plat, dessert et	**$$** 20 $-40 $
une demi-bouteille de vin	**$$$** 40 $-55 $
(ou repas équivalent),	**$$$$** 55 $-80 $
taxes et service compris.	**$$$$$** plus de 80 $

↖10 Restaurants

1 Boulevard
Servie avec classe dans un décor Belle Époque, la cuisine américaine est délicieuse et imaginative. ◈ *1 Mission St sur Steuart • plan H2 • (415) 543-6084 • AH • $$$$.*

2 Luna
Le Luna propose des mets recherchés et possède un patio agréable. Essayez la salade de saumon grillé aux haricots à œil noir *(black-eyed peas).* ◈ *558 Castro St • plan E5 • (415) 621-2566 • $$.*

3 Bagdad Café
Ce *diner,* aux classiques américains bon marché, reste ouvert 24h/24. ◈ *2295 Market St • plan F4 • (415) 621-4434 • AH • $.*

4 Faerie Queene
Les gourmands vivent un conte de fée dans ce temple du chocolat au décor de bonbonnière. Il fait aussi salon de thé, et fabrique ses crèmes glacées. ◈ *415 Castro St • plan E5 • (415) 252-5814 • ferm. lun. • AH • $.*

5 Hot and Hunky
Dans ce *diner* gay, 37 sortes de *burgers,* à accompagner de frites et de milk-shake, portent des noms comme « Je veux tenir ton jambon ». ◈ *4039 18th St & Hartford • plan E5 • (415) 621-6365 • $.*

6 Pancho Villa Taqueria
De joyeux *muchachos* et *chiquitas* servent des spécialités mexicaines. ◈ *3071 16th St • plan F4 • (415) 864-8840 • AH • $.*

7 La Rondalla
Kitsch et animé, ce restaurant Tex-Mex reste ouvert jusqu'à 3 h et sert de puissants margaritas. ◈ *901-903 Valencia St sur 20th • plan F5 • (415) 647-7474 • ferm. lun. • pas de cartes de paiement • AH • $.*

8 Caffè Centro
Le Centro ne désemplit pas. Boissons, pâtisseries, soupes et salades composent la carte *(p. 63).* ◈ *102 South Park • plan R6 • (415) 882-1500 • ferm. dim. • AH • $.*

9 Gordon's House of Fine Eats
La cuisine est excellente, mais n'oubliez pas de prendre en dessert l'assiette de beignets *(donuts).* ◈ *500 Florida St • plan G5 • (415) 861-8900 • AH • $$.*

10 Higher Ground Coffee House
D'excellentes frites accompagnent un choix de sandwichs, d'omelettes et de salades. ◈ *691 Chenery St, Glen Park • pas de téléphone • pas de cartes de paiement • AH • $.*

Remarque : sauf indication contraire, tous les restaurants acceptent les cartes de paiement et proposent des plats végétariens.

Gauche **Palace of the Legion of Honor** Droite **Cliff House**

Oceanfront

La façade océane de la ville surprend par les contrastes qu'elle présente. Elle conserve des espaces naturels qui n'ont rien perdu de leur beauté sauvage, en particulier le littoral déchiqueté de Land's End où ont jadis fait naufrage d'innombrables bateaux. Il borde le Lincoln Park, où la copie d'un hôtel particulier parisien du XVIIIᵉ s. abrite l'un des meilleurs musées d'art de San Francisco ; et s'achève à quelques pas de Sea Cliff, l'un des quartiers résidentiels les plus chic de la cité. Ailleurs, l'habitat en lotissements domine, mais des parcs et les plages donnent lieu à de nombreuses activités de plein air, dont le surf pour les sportifs suffisamment endurcis pour affronter l'eau glacée du Pacifique. Au sud, non loin du parc zoologique, le Lake Merced offre des conditions moins rudes aux amateurs de sports nautiques. Aucune partie de la ville n'est plus souvent envahie par le brouillard, surtout en été. Mais par beau temps, le front de mer donne sur les îlots blancs de Seal Rocks, jusqu'aux Farallon Islands beaucoup plus loin au large.

Koala, San Francisco Zoo

Les sites

1. Cliff House
2. Ocean Beach
3. Palace of the Legion of Honor
4. Parcs d'Oceanfront
5. Seal Rocks
6. San Francisco Zoo
7. Sigmund Stern Grove
8. Sea Cliff
9. Sunset District
10. Lake Merced

Cliff House

L'édifice actuel, le troisième à occuper le site, date de 1909 et est en cours de rénovation et d'agrandissement. Il abrite des restaurants, aux étages supérieurs, et une boutique de souvenirs. Il restera ouvert pendant toute la durée des travaux qui doivent s'achever au printemps 2004. Son prédécesseur, un château néo-gothique de sept étages, brûla en 1907. Il appartenait au flamboyant homme d'affaires Adolph Sutro, dont le domaine est devenu le Sutro Heights Park. ✎ Plan A3
• ouv. t.l.j. 10h-20h • EP.

Ocean Beach

Cette large bande de sable s'étend sur 4 km à l'ouest de San Francisco. Malgré l'attraction qu'elle exerce vue sous le soleil depuis Cliff House ou Sutro Heights, une eau glacée, de violentes déferlantes et des courants de marée assez forts pour entraîner au large des nageurs puissants, y rendent la baignade dangereuse. Ces risques n'arrêtent pas les surfeurs que l'on voit souvent s'entraîner, revêtus d'épaisses combinaisons (p. 77). ✎ The Great Hwy • plan A4.

Palace of the Legion of Honor

Alma de Bretteville Spreckels et son mari Rudolph s'inspirèrent du pavillon français de la Panama-Pacific Exposition de 1915 pour bâtir cet édifice, copié sur l'hôtel de Salm occupé à Paris par le musée de la Légion d'honneur. Il eut le même architecte que leur demeure de Pacific Heights (p. 99). Dédié aux 3 600 soldats californiens qui périrent sur les champs de bataille de la Première Guerre mondiale, le musée ouvrit en 1924. Particulièrement riche en art européen, du Moyen Âge au xxᵉ s., la collection comprend un des plus beaux ensembles de Rodin du monde. Le Palace of the Legion of Honor propose également d'excellentes expositions temporaires. ✎ Lincoln Park, 34th Ave et Clement St • www. legionofhonor.com • plan B3
• ouv. mar.-dim. 9h30-17h • EP.

Parcs d'Oceanfront

La pointe nord-ouest d'Oceanfront renferme trois vastes espaces verts. Œuvre de l'infatigable John McLaren (p. 21), le splendide Lincoln Park recèle des sentiers côtiers qui offrent certaines des meilleures vues du Golden Gate Bridge. Land's End mérite son nom de « fin de la terre » : ce site sauvage où des falaises dominent des étendues sablonneuses et une crique pittoresque se prête à de belles marches à pied… avec de bonnes chaussures. Le Sutro Heights Park n'a conservé que quelques pelouses, murs et statues de l'ancien parc paysagé du domaine d'Adolph Sutro, mais le panorama du littoral a gardé toute sa grandeur. ✎ Plan A3.

Land's End

Seal Rocks

5 Seal Rocks

Le promontoire à la pointe de la péninsule où se dresse Cliff House porte le nom de Point Lobos. Le groupe d'îlots, dont les silhouettes blanches se détachent en face, a été baptisé Seal Rocks à cause des otaries *(sea lions)* qui passaient jadis dix mois par an à paresser sur les rochers. On entendait distinctement leurs aboiements depuis la promenade.

Le tremblement de terre de 1989 les a fait déménager au Pier 39 de Fisherman's Wharf *(p. 12-13)*. Par temps clair, on peut apercevoir, à 50 km au large, les Farallon Islands, protégées car des éléphants de mer et des oiseaux comme les macareux viennent s'y reproduire. ◎ *Plan A3.*

**Cliff House
et les Sutro Baths**

Né en Prusse en 1830, Adolph Sutro arriva à San Francisco à l'âge de 20 ans. Il avait une solide formation dans les techniques minières, mais se lança plutôt dans le commerce. En 1859, la découverte du filon d'argent de Comstock Lode, dans le Nevada, l'amena à tirer profit de ses connaissances. Il revint riche en 1879 et édifia, près d'Ocean Beach, un complexe comprenant Cliff House et les Sutro Baths, des bains d'eau de mer. Sa demeure se dressait sur le site de l'actuel Sutro Heights Park.

---

6 San Francisco Zoo

Créé dans les années 1930, le zoo de San Francisco s'étend entre l'océan Pacifique et le Lake Merced dans l'angle sud-ouest de la ville. Il abrite plus de 1 000 espèces d'oiseaux, mammifères et insectes, dont 20 sont considérées comme menacées, notamment le léopard des neiges, le tigre du bengale et le jaguar. Plusieurs expositions sont spécialement destinées aux enfants *(p. 58)*. Les repas des fauves (mar.-dim. 14 h), des manchots (lun.-mer. 15 h et jeu. 14 h 30) et des éléphants d'Asie (t.l.j. 13 h 30) connaissent toujours beaucoup de succès. ◎ *Sloat Blvd sur Pacific Ocean • www. sfzoo.org • Bus 18 et 23 • ouv. t.l.j. 10h-17h • AH • EP.*

7 Sigmund Stern Grove

Ce ravin de 25 ha dans Sunset District servit de cadre en 1938 au premier festival d'été gratuit des États-Unis. Les spectacles donnés le dimanche dans un amphithéâtre naturel, planté d'eucalyptus et de séquoias, attirent désormais des milliers de personnes. Le programme peut aussi bien inclure du jazz ou de la musique populaire que de l'opéra ou des concerts de l'orchestre symphonique et des représentations du San Francisco Ballet. ◎ *Sloat Blvd sur 19th Ave, Sunset.*

8 Sea Cliff

L'acteur Robin Williams possède une maison dans ce quartier résidentiel très chic qui tranche sur la côte sauvage des alentours. Les demeures furent presque toutes construites dans le style méditerranéen au cours des années 1920. Au bord de l'océan s'étend une des plages les plus sûres de la ville : China

Beach, nommée d'après les pêcheurs chinois qui y campaient jadis. Au nord, Baker Beach est aussi très populaire *(p. 76)*. 🔊 *Plan C2*.

9 Sunset District

Comme Richmond District *(p.101)*, de l'autre côté du Golden Gate Park, ce quartier souvent embrumé occupe une zone de terrains inexploités à la naissance de la ville. Il est purement résidentiel : des rangs de maisons presque identiques bordent ses rues rectilignes. Son seul édifice marquant, Sutro Tower, une antenne de télévision et de radio, mesure près de 300 m de hauteur. 🔊 *Entre Sloat Blvd et le Golden Gate Park, et Stanyan St et l'océan Pacifique • plan C5*.

10 Lake Merced

Situé au début de la route panoramique du Skyline Boulevard, ce joli lac s'étend au milieu de collines verdoyantes, au sud du Sunset District. Relativement protégé, il attire quelques adeptes de sports nautiques, comme le kayak ou la voile, et des golfeurs venus profiter du Harding Park 18-holes Golf Course, un parcours municipal. Des pistes appréciées des cyclistes et des coureurs à pied suivent les rives du plan d'eau. 🔊 *Hwy 35*.

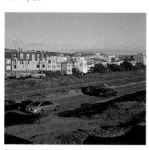

Sunset District

Deux heures de marche à Land's End

🕐 Cette partie de la côte reste étonnamment sauvage, surtout si l'on songe qu'elle se trouve à l'intérieur de la ville. Elle est par endroits très accidentée, et vous aurez besoin de bonnes chaussures pour effectuer cette marche.

Au bout du parking du Merrie Way, descendez l'escalier et suivez le sentier qui longe les ruines des **Sutro Baths** *(p. 39)*, sur votre gauche. Continuez jusqu'au point de vue *(Overlook)* sur les **Seal Rocks** et l'océan Pacifique.

Revenez un peu sur vos pas pour emprunter le sentier du littoral. Il passe près de vestiges couverts de graffitis, de fortins militaires en béton que l'instabilité du sable a brisés et inclinés, puis arrive sur une plage au pied de falaises rocheuses. Prenez garde aux vagues qui peuvent s'engouffrer à tout moment. Vous atteindrez ensuite Land's End Cove appréciée des nudistes, qui s'y protègent du vent derrière des murs improvisés.

Pour rentrer, prenez l'un des escaliers en bois qui rejoignent le sentier au-dessus. Après avoir franchi la courbure de la côte, vous découvrirez une vue à couper le souffle du **Golden Gate Bridge** *(p. 8-9)*. Poursuivez jusqu'à Eagle's Point, et rentrez par le sentier qui serpente dans le **Lincoln Park** *(p. 73)*.

🔖 **Cliff House** *(p. 121)* abrite des restaurants et des bars.

→ *Pages suivantes :* **Cliff House et l'océan Pacifique**

Gauche **Williams-Sonoma** Droite **Aquaholics**

Boutiques

1 Troika – Moscow
L'atmosphère de boutique de prêteur sur gages et les accents slaves reflètent la réalité d'un quartier d'immigrés. Les éventaires offrent toutes sortes d'idées de cadeaux. Les objets proviennent principalement de Russie. ✪ *5050 Geary Blvd • plan C3.*

2 Old Stuff
Plusieurs antiquaires officient sur cette portion de Clement Street. Celui-ci a de tout, des meubles aux bijoux, en passant par les lampes et la verrerie. ✪ *2325 Clement St • plan C3.*

3 Gaslight and Shadows Antiques
Ce magasin a pour spécialité la porcelaine, plus spécifiquement celle de Limoges, et plus particulièrement les boîtes. La propriétaire a aussi un faible pour les objets en Bakélite, surtout s'il s'agit de bijoux fantaisie des années 1920-1940. ✪ *2335 Clement St • plan C3.*

4 The Garden Spot
Les meubles attirent les premiers regards, mais les recoins et les vitrines recèlent des trésors de toutes sortes. ✪ *3029 Clement St • plan B3.*

5 Aquaholics
Les surfeurs se procurent ici leur matériel, dont les épaisses combinaisons nécessaires pour survivre à l'eau glacée du Pacifique. ✪ *2830 Sloat Blvd.*

6 Stonestown Galleria
Ce centre commercial a pour piliers un supermarché Macy's et une succursale de Nordstrom, l'enseigne de prêt-à-porter de luxe *(p. 50)*. Il ressemble à tous les centres commerciaux des États-Unis, mais vous y ferez certains achats à meilleurs prix que dans d'autres quartiers de la ville. ✪ *19th Ave et Winston Drive.*

7 Borders
Cette librairie de chaîne offre une bon choix de nouveautés et de promotions. Elle possède un snack-bar. ✪ *233 Winston Drive.*

8 Williams-Sonoma
Renommé pour ses ustensiles de cuisine et ses services de table, ce distributeur basé en Californie du Nord sélectionne des produits du monde entier. ✪ *3251 20th Ave, Stonestown Galleria.*

9 Ann Taylor
Tailleurs élégants, tricots en soie ou tenues décontractées en lin, les vêtements pour femme d'Ann Taylor privilégient la simplicité et le confort. ✪ *3251 20th Ave, Stonestown Galleria.*

10 Bailey Banks and Biddle
Ce bijoutier existe depuis 1832 et propose d'élégantes créations mettant en valeur des pierres très pures. Il vend aussi des figurines réalisées par Lladró. ✪ *3251 20th Ave, Stonestown Galleria.*

Catégories de prix	
Pour un repas avec	**$** moins de 20 $
entrée, plat, dessert et	**$$** 20 $-40 $
une demi-bouteille de vin	**$$$** 40 $-55 $
(ou repas équivalent),	**$$$$** 55 $-80 $
taxes et service compris.	**$$$$$** plus de 80 $

Beach Chalet Brewery

Restaurants

Visiter San Francisco – Oceanfront

1 Cliff House
Plus que pour leurs classiques américains, les restaurants présentent de l'intérêt pour la vue du Pacifique et de somptueux couchers de soleil (p. 115). ⊛ 1090 Point Lobos Ave • plan A3 • (415) 386-3330 • AH • $$.

2 Beach Chalet Brewery
On vient au Beach Chalet davantage pour l'océan et les peintures murales (p. 47) que pour les mets qui n'ont rien d'inoubliable. ⊛ 1000 Great Hwy • plan A4 • (415) 386-8439 • AH • $$$.

3 Louis'
Louis' sert tous les classiques de *diner* et offre une belle vue de Seal Rock et de Land's End. ⊛ 902 Point Lobos Ave • plan A3 • (415) 387-6330 • AH • $$.

4 Ton Kiang
De nombreux habitués considèrent les *dim sum* de ce restaurant chinois comme les meilleurs de la ville. Ces bouchées fourrées, frites ou cuites à la vapeur, sont en outre très variées. ⊛ 5821 Geary Blvd • plan C3 • (415) 387-8273 • AH • $$.

5 Chapeau !
Ce bistrot français possède une carte des vins très riche. Le propriétaire fait office de sommelier, le service est raffiné et chaque bouchée marquante. ⊛ 1408 Clement St sur 15th Ave • plan C3 • (415) 750-9787 • ferm. lun. • AH • $$$$$.

6 Kabuto Sushi
Les *sashimis* de cet excellent japonais fondent dans la bouche. ⊛ 5116 Geary Blvd sur 15th Ave • plan C3 • (415) 752-5652 • ferm. lun. et dernier dim. du mois • AH • $$.

7 Pizzetta
Les pizzas ont ici une garniture biologique. ⊛ 211 23rd Ave • plan C3 • (415) 379-9880 • ferm. lun. et mar. • pas de carte de paiement • AH • $.

8 Thanh Long
Parmi les spécialités viêt-namiennes, essayez les nouilles à l'ail ou le crabe rôti. ⊛ 4101 Judah St sur 46th Ave • plan A5 • (415) 665-1146 • AH • $$.

9 49 Café
Ce simple *diner* sert des spécialités exotiques comme le *fish'n'chips*, ou les *falafels*. ⊛ 2650 Sloat Blvd • (415) 664-0476 • $.

10 Chevy's
Chips et salsa sont gratuites dans ce restaurant Tex-Mex aux portions généreuses. ⊛ 3251 20th Ave • (415) 665-8705 • AH • $.

Remarque : sauf indication contraire, tous les restaurants acceptent les cartes de paiement et proposent des plats végétariens.

Gauche **Mormon Temple, Oakland** Droite **Phare de Point Bonita, Marin County Headlands**

Bay Area

D'un point de vue strictement géographique, Bay Area se compose de
la cité de San Francisco, d'East Bay, de Marin County, de la péninsule et
de South Bay. Toutefois, bien que Santa
Clara et San Jose, et davantage encore
Santa Cruz et Capitola, ne bordent pas
la baie, on considère qu'elles font partie
intégrante de la région, car leurs
populations partagent le même esprit
progressiste et tolérant qui rend ici
l'ambiance si différente de l'atmosphère
de la Californie du Sud et de Central
Valley. Des villes comme Berkeley et Palo
Alto entretiennent une vieille tradition
universitaire, tandis que les villages
de Sausalito, Tiburon et Bolinas sont
devenus de plaisantes destinations
touristiques.

Sather Tower, campus de Berkeley

10 Les sites

1. Berkeley
2. Oakland
3. Marin County Headlands
4. Sausalito
5. Mill Valley
6. Mount Tamalpais
7. Stinson Beach
8. Bolinas
9. Palo Alto et Stanford
10. Tiburon

Wellman Hall, University of California, Berkeley

1 Berkeley

Siège depuis 1868 d'une université prestigieuse qui a compté parmi ses professeurs une douzaine de lauréats du prix Nobel, Berkeley prit véritablement son essor après le séisme de 1906. Elle devint dans les années 1960 le fer de lance de la lutte contre la guerre du Vietnam, et le souvenir de cette époque reste vivant sur Telegraph Avenue. La ville s'est quelque peu embourgeoisée au cours de ces dernières années, mais elle n'a pas perdu ses ambitions sociales, et possède des services publics et des systèmes d'aide aux défavorisés très supérieurs aux normes américaines. ✪ *BART Berkeley.*

2 Oakland

La célèbre formule de Gertrude Stein au sujet de sa ville natale : « Il n'y a pas de là-bas, là-bas » semble moins pertinente depuis l'élection de l'entreprenant Jerry Brown *(p. 39)* au poste de maire. Oakland reste une cité industrielle abritant une forte communauté noire, et elle a commencé à attirer une population créative chassée de San Francisco par le prix des loyers. Les sites de visite les plus intéressants comprennent le Lake Merritt, le Mormon Temple et le Museum of California *(p. 126)*. ✪ *BART 12th St.*

3 Marin County Headlands

À seulement une demi-heure du centre par le Golden Gate Bridge, cette vaste étendue de crêtes battues par les vents, de vallées abritées, et de plages désertes *(p. 76)* reste très sauvage. Elle offre de beaux parcours de randonnée. Plusieurs points de vue ménagent de magnifiques panoramas de San Francisco et de l'océan. ✪ *Bus Muni n° 76.*

4 Sausalito

Cet ancien village de pêcheurs au passé bohème *(p. 54)* s'emplit de visiteurs le week-end, et les bungalows victoriens qui s'accrochent aux collines abruptes sont souvent devenus des résidences secondaires. Nombre des bateaux qui emplissent les ports de plaisance sont en revanche habités à l'année. Bordée de boutiques et de restaurants, Bridgeway Avenue fait office de promenade et offre une vue spectaculaire de la baie et de San Francisco. ✪ *US 101.*

Port de plaisance, Sausalito

Le voilier Hawaiian Chieftain propose des croisières dans la baie, avec buffet : (415) 331-3214.

Grandes universités de Bay Area

Inaugurée en 1891, et particulièrement réputée pour le droit, le commerce et la médecine, la Stanford University de Palo Alto compte parmi les plus prestigieux instituts privés d'enseignement supérieur des États-Unis. Publique, et plus ancienne encore, l'University of California de Berkeley n'a rien à lui envier sur le plan de la renommée, en particulier dans les domaines du droit, de l'ingénierie et de la physique nucléaire. Les deux universités se montrent aussi sélectives l'une que l'autre.

Hearst Greek Theater, Mount Tamalpais

5 Mill Valley

Mill Valley, où se tient un festival du film réputé, offre l'exemple type de la petite ville de Marin County, riche, détendue et soignée, possédant une population éduquée aux opinions progressistes. Le centre s'organise autour du lieu de rendez-vous offert par une place publique toujours agréable. Dans la partie ancienne, bordée de bosquets de séquoias, de vieux immeubles abritent des restaurants et des boutiques originales. ✎ *Par Hwy 101.*

6 Mount Tamalpais

Le sommet du « Mount Tam », la montagne sacrée des Indiens qui habitaient jadis la région, atteint une altitude de 785 m et ménage une vue à couper le souffle. Les randonneurs qui ont le courage d'y grimper embrassent du regard pratiquement tout Bay Area. Dans le parc national qui protège le site, plus de 300 km de sentiers serpentent à travers des bosquets de séquoias et le long de ruisseaux. La réserve naturelle renferme aussi des aires de pique-nique, des terrains de camping et des prairies où jouer au ballon ou au cerf-volant. C'est sur les pentes du Mount Tamalpais qu'est né le VTT, en 1970. ✎ *Hwy 1.*

7 Stinson Beach

Appréciée dès le début du XXe s., quand les San-Franciscains, attendus par des voitures à cheval au débarcadère, y arrivaient en bac, cette plage reste la plus populaire de la région *(p. 76)*. Malgré son ambiance balnéaire en été, elle possède moins de 1 000 habitants permanents. À son extrémité nord, le village de Seadrift compte environ 300 maisons « les pieds dans l'eau ». Bien que Stinson Beach soit accessible par la route côtière, prenez Highway 1 pour l'arrivée plus spectaculaire, au sortir de la forêt. ✎ *Hwy 1.*

8 Bolinas

Après Stinson, cette commune est un village d'artistes oublié par le temps. Ses habitants contribuent au phénomène en abattant régulièrement les panneaux routiers qui y guident les visiteurs. Les créateurs locaux exposent leurs œuvres dans la galerie de Wharf Road ou dans le musée voisin, et les utopies des années 1960 ont toujours cours. ✎ *Hwy 1.*

9 Palo Alto et Stanford

Fondée spécialement pour répondre aux besoins de Stanford University, dont le vaste campus mérite une visite *(p. 78)*, Palo Alto resta longtemps une petite ville assoupie. Site du célèbre centre de recherche de Xerox, où fut inventée la « souris », elle est aujourd'hui à la pointe de la nouvelle économie en tant que pôle urbain de Silicon Valley. Malgré l'actuelle crise de l'industrie informatique, de nombreux restaurants, hôtels et boutiques chic rappellent les époques fastes. ◈ *Hwy 101 et Hwy 82.*

10 Tiburon

Tiburon est sans doute la commune la plus élégante de Marin County. Comme Sausalito, elle offre un large panorama de la baie et de San Francisco, mais possède une ambiance plus paisible. D'anciennes maisons flottantes appelées *arks* ont été tirées à terre et aménagées avec goût. Ces constructions sans équivalent abritent désormais des boutiques et des restaurants et forment l'« Ark Row ». Des espaces verts en front de mer ménagent de belles vues, en particulier d'Angel Island. ◈ *Hwy 131.*

Tiburon

Une matinée à Berkeley

🕐 Partez du Visitor Center de l'université, sur Oxford St au bout d'University Avenue : vous pourrez vous y procurer des plans. Poursuivez jusqu'à University Drive et pénétrez sur le campus. Dépassez le Wellman Hall néoroman et continuez jusqu'à Cross Campus Road, où vous tournerez à gauche. Devant vous se dresse la Sather Tower, haute de 94 m. Elle s'inspire du campanile de la place Saint-Marc, à Venise.

Dépassez-la pour rejoindre University Drive et contournez le Hearst Greek Theater, qui accueille d'excellents concerts de toutes sortes. Dirigez-vous ensuite vers l'élégant Sather Gate. Il donne sur Sproul Plaza, haut lieu de la contestation étudiante dans les années 1960 et 1970. Des artistes de rue s'y produisent souvent.

Sortez du campus sur Telegraph Avenue, la rue la plus animée de la ville.
🏠 **Cody's,** la plus célèbre librairie de Berkeley, se dresse à l'angle de Haste Street. People's Park s'étend un pâté de maisons plus loin. Revenez jusqu'à Bancroft Way pour visiter l'excellent University Art Museum et la Pacific Film Archive.

Après la promenade, le
🍴 **Blue Nile** *(2525 Telegraph Ave sur Dwight Way • (510) 540-6777 • AH • \$\$)* offre une expérience originale avec sa cuisine familiale éthiopienne : des plats de bœuf, de poulet et de légumes à manger avec les doigts.

Gauche **Pieuvre, Hall of Ecology** Centre et droite **Souvenirs de la ruée vers l'or**

Oakland Museum

1 Bâtiment
Entièrement consacré à la Californie, le musée d'Oakland occupe un remarquable édifice moderne, achevé en 1969. Des jardins, des terrasses et des cours intérieures décorées de statues animent ses trois niveaux et le toit.

2 Natural Sciences Gallery
Au rez-de-chaussée, le Hall of Ecology renferme une « marche à travers la Californie » : la reconstitution de neuf habitats naturels, grâce, notamment, à des dioramas. Les expositions des vitrines offrent un aperçu détaillé de la faune, y compris les insectes, les amphibiens et les reptiles.

3 Premiers Californiens
The Cowell Hall of California History, au premier étage, retrace l'histoire de l'État depuis l'époque néolithique. Le musée possède environ 6 000 objets liés aux Indiens, tels qu'outils, vêtements et vanneries.

4 Objets de la période des Missions
Ils comprennent des outils, un mur d'adobe et une icône de saint Pierre datant du XVIIe s.

5 Souvenirs de la ruée vers l'or
L'exposition illustre la vie des immigrants venus au XIXe s. dans l'espoir de faire fortune ou simplement de trouver du travail.

6 Séisme de 1906
Des objets, telles des tasses en porcelaine soudées à leurs soucoupes par la chaleur, évoquent le tremblement de terre et l'incendie qui détruisirent la majeure partie de la ville.

7 Dream on Wheels
Ce diorama célèbre le « rêve californien » des années 1950, avec des objets symboliques comme une enseigne de restaurant drive-in, un juke-box et une voiture étincelante.

8 Galerie d'art
La Gallery of California Art occupe le deuxième étage. Elle présente les créations d'artistes qui ont étudié, vécu et travaillé dans l'État, entre autres des peintres paysagistes du XIXe s., des impressionnistes, des membres du mouvement figuratif de Bay Area et des personnalités majeures de l'art contemporain comme David Hockney.

9 Galerie de photographie
La collection de photographies compte parmi ses fleurons des clichés pris par Ansel Adams et Edward Weston.

10 Artisanat
L'exposition d'art décoratif inclut le plus bel ensemble au monde d'œuvres d'Arthur Mathews (1860-1945) et de sa femme Lucia, dont des peintures murales et des meubles.

 L'Oakland Museum of California se trouve au 1000 Oak St. Ouv. mer.-sam. 10h-17h, dim. 12h-17h • www.museumca.org

Gauche **Montagnes russes, Santa Cruz** Droite **Arche naturelle, Santa Cruz**

Autres visites

1 San Rafael
Au cœur de Marin County, cette ville a conservé un charmant centre historique où abondent restaurants et boutiques. Un marché donne un air de fête à la rue principale tous les jeudis soir. ✪ *Hwy 101.*

2 Belvedere Island
Cette île, reliée à Tiburon par une route, abrite l'une des zones rédidentielles les plus huppées de la baie. Elle mérite une visite pour ses somptueuses demeures et leurs jardins.

3 Point Reyes
Cette péninsule triangulaire battue par les vents est renommée pour ses exploitations laitières, ses fleurs sauvages et la richesse de sa faune, dont un troupeau de wapitis de Tule. De décembre à mi-mars, on vient y observer la migration des baleines. ✪ *Hwy 1 jusqu'à Olema, puis suivre les panneaux pour Point Reyes.*

4 San Gregorio et Pescadero
Des falaises protègent San Gregorio Beach, la plus ancienne plage nudiste de Bay Area. Pôle urbain d'une communauté agricole qui produit des asperges et des potirons, la charmante ville de Pescadero évoque la conquête de l'Ouest. Il ne manque même pas l'église peinte en blanc. Elle possède une plage où le reflux laisse de belles mares. ✪ *Hwy 1.*

5 Woodside
Nombre des plus anciennes familles de Bay Area ont construit, à la fin du XIXe s., de fabuleuses demeures dans cette zone résidentielle verdoyante. ✪ *Hwy 280.*

6 La Honda
Pour rejoindre le village de La Honda et le Skyline Boulevard *(p. 60)*, aucune autre route n'a le charme d'Old La Honda Road. ✪ *Hwy 280.*

7 Los Gatos et Saratoga
Ces deux bourgs gardent un cachet ancien, mais font désormais partie des zones résidentielles de Silicon Valley. ✪ *Hwy 280.*

8 San Jose
La principale ville de Silicon Valley possède un nombre d'habitants supérieur à celui de San Francisco. ✪ *Hwy 101.*

9 Winchester Mystery House
La construction de cette immense et extravagante maison victorienne, où des escaliers ne mènent nulle part, dura 38 ans. ✪ *525 S Winchester Blvd, San Jose • ouv. t.l.j. 9h-20h • EP.*

10 Santa Cruz et Capitola
Cette partie du littoral offre les meilleures conditions de baignade de la région. Santa Cruz abrite un parc d'attractions à l'ancienne. ✪ *Hwy 1.*

Gauche **Via Diva** Droite **Greenwood**

Boutiques de Bay Area

1 Stanford Shopping Center
Ce centre commercial, l'un des premiers ouverts dans Bay Area, répond depuis 50 ans aux besoins des étudiants de Stanford, et ses commerces sont d'un standing reflétant le budget des familles capables de payer les frais de scolarité de ce prestigieux institut privé. ◉ *180 El Camino Real, Palo Alto • Hwy 101.*

2 Sweet Dreams
À côté d'une charmante boutique de jouets et du magasin de vêtements pour enfants Teddy's Little Closet, ce marchand de bonbons à l'ancienne possède des rangées entières de bocaux de confiseries. ◉ *2901 College Ave, Berkeley • Hwy 80.*

3 Crescendo
Le prêt-à-porter féminin coloré et sortant de l'ordinaire attire le regard, les tissus évoquent luxe et sensualité, et un curieux petit centre commercial s'étend à l'arrière. ◉ *660 Bridgeway, Sausalito • Hwy 101.*

4 Claudia Chapline Gallery and Sculpture Garden
Dans une cadre privilégié près de la plage, le jardin de sculptures de la galerie Claudia Chapline abrite des trésors, notamment les œuvres cinétiques animées par le vent de Lyman Whitaker. La sélection, à l'intérieur, se révèle tout aussi intéressante. ◉ *3445 Shoreline Hwy, Stinson Beach • Hwy 1.*

5 Via Diva
Via Diva propose une sélection d'articles en provenance de Chine, d'Indonésie, de Thaïlande, d'Inde et d'Amérique latine. ◉ *27 Throckmorton Ave, Mill Valley • près de Hwy 101.*

6 What the Traveller Saw
Les objets artisanaux haut de gamme comprennent, entre autres, des sculptures sur bois balinaises, des cravates en soie, des couvertures, des tissages et des fontaines. ◉ *6128 La Salle Ave, Montclair (Oakland Hills) • Hwy 880.*

7 Greenwood
La meilleure boutique d'artisanat de Marin County vend des pièces uniques et de tous horizons. ◉ *32B Miller Ave, Mill Valley • près de Hwy 101.*

8 Paul and Shark
Ce magasin italien de prêt-à-porter masculin et féminin s'adresse à une clientèle de plaisanciers. ◉ *22 El Portal, Sausalito • Hwy 101.*

9 Shady Lane
Shady Lane sert de vitrine à un collectif d'artisans et pratique des prix rasionnables. ◉ *441 University Ave, Palo Alto • Hwy 101.*

10 Global Exchange
Les objets artisanaux viennent du Vietnam, du Guatemala, d'Indonésie, du Mexique et du Sénégal. ◉ *2840 College Ave, Berkeley • Hwy 80.*

Piazza d'Angelo

Catégories de prix

Pour un repas avec	
entrée, plat, dessert et	**$** moins de 20 $
une demi-bouteille de vin	**$$** 20 $-40 $
(ou repas équivalent),	**$$$** 40 $-55 $
taxes et service compris.	**$$$$** 55 $-80 $
	$$$$$ plus de 80 $

🔟 Restaurants

1 The Lark Creek Inn
Ce restaurant isolé dans Marin County possède un jardin ombragé par des séquoias et propose de la nouvelle cuisine américaine, avec des plats comme la soupe de panais grillés à la truffe *(p. 63)*.
🌐 *234 Magnolia Ave, Larkspur • Hwy 101 • (415) 924-7766 • AH • $$$.*

2 Piazza d'Angelo
Cet excellent restaurant italien possède une bonne carte des vins et permet de s'installer aussi en plein air. Gardez une petite faim pour le somptueux plateau de desserts. 🌐 *22 Miller Ave, Mill Valley • près de Hwy 101 • (415) 388-2000 • AH • $$.*

3 Las Camelias
Cet établissement mexicain réputé possède un décor séduisant dont la charmante propriétaire est en grande partie l'auteur. 🌐 *912 Lincoln Ave, San Rafael • Hwy 101 • (415) 453-5850 • AH • $$.*

4 The Bridgeway Café
Les classiques américains de ce petit *diner* donnant sur la baie conviennent à merveille à un petit déjeuner ou un lunch.
🌐 *633 Bridgeway, Sausalito • Hwy 101 • (415) 332-3426 • AH • $.*

5 Parkside
En salle ou dans le patio, essayez le hamburger de bison sur de la *foccacia* au romarin.
🌐 *43 Arenal Ave, Stinson Beach • Hwy 1 • (415) 868-1272 • AH • $$.*

6 Ozzie's Soda Fountain
Fondé en 1921, le dernier café installé dans une pharmacie de la région n'a pas changé depuis les années 1950. Il sert des petits déjeuners, des sandwichs, des soupes et des boissons non-alcoolisées.
🌐 *2900 College Ave, Berkeley • Hwy 80 • (510) 841-0989 • ferm. dim. • AH • $.*

7 Le Cheval
Malgré la taille de la salle, préparez-vous à attendre au bar qu'une table se libère, avant de pouvoir déguster les délicieuses spécialités vietnamiennes.
🌐 *1007 Clay St, Oakland • Hwy 880 • (510) 763-8495 • AH • $$.*

8 Amber India
Des recettes de l'Inde du Nord révèlent dans sa plénitude la saveur des ingrédients.
🌐 *2290 El Camino Real, Mountain View • (650) 968-7511 • AH • $$.*

9 Los Gatos Coffee Roasting Company
On vient ici savourer un café fraîchement torréfié en contemplant l'animation d'une rue bordée d'antiquaires.
🌐 *101 West Main St, Los Gatos • Hwy 280 • (408) 354-3263 • AH • $.*

🔟 Gayle's Bakery and Rosticceria
Cette boulangerie-pâtisserie propose aussi des plats de traiteur à emporter ou à savourer sur place. 🌐 *504 Bay Ave, Capitola • Hwy 1 • (831) 462-1200 • AH • $.*

> **Remarque** : sauf indication contraire, tous les restaurants acceptent les cartes de paiement et proposent des plats végétariens.

MODE
D'EMPLOI

SAN FRANCISCO TOP 10

Gauche **Office du tourisme** Droite **Repas en terrasse en automne**

ⁱ⁰ Préparer le voyage

1 Renseignements touristiques

L'ambassade des États-Unis possède en France un serveur vocal d'information touristique (01 42 60 57 15). Internet constitue aussi une riche source de renseignements pour organiser votre départ *(voir encadré)*.

2 Média

Les quotidiens et plusieurs hebdomadaires gratuits regorgent d'informations sur les manifestations en cours ou programmées. Leurs sites Internet vous aideront à cerner les possibilités. ☜ *San Francisco Chronicle (quotidien)* : ww.sfgate.com • *San Francisco Bay Guardian (hebdomadaire)* : www.sfbg.com • *SF Weekly* : www.sfweekly.com • *Bay Area Reporter (gay)* : www.ebar.com • *San Francisco Frontiers (gay)* : www.frontiersweb.com

3 Internet

Une recherche par mot clé aboutit souvent à un nombre pléthorique de réponses. Deux sites offrent un bon aperçu général : www.bayarea.citysearch.com et www.sanfrancisco.rezrez.com

4 Plans

Il n'est pas difficile de se repérer dans San Francisco, mais pourquoi se priver des plans gratuits disponibles dans les offices du tourisme ?

5 Visas

Les citoyens européens n'ont pas besoin d'un visa pour un séjour touristique de moins de 90 jours aux U.S.A., mais ils doivent posséder un passeport valide six mois après la date de retour prévue, ainsi qu'un billet de retour ou de continuation non remboursable et une preuve de solvabilité.

6 Assurance

Si vous n'en disposez pas, contractez avant de partir une assurance voyage garantissant la couverture des frais médicaux et d'un éventuel rapatriement. Vérifiez que cette couverture est très importante sans franchise. Un séjour à l'hôpital est dispendieux aux États-Unis.

7 Ambassades et consulats des États-Unis

France (consulat) : ☜ *2, rue Saint-Florentin, 75001 Paris* • *0899 703 700* • www.amb-usa.fr/pagefr.htm Belgique (consulat) : ☜ *27 blvd du Régent, B-1000 Bruxelles* • *02 508 2111* • brussels.usembassy.gov/fr/fr.main.html Suisse (ambassade) : ☜ *Jubiläumsstrasse 95, 3005 Bern* • *031 357 7011* • www.usembassy.ch Montréal (consulat) : ☜ *1155 St. Alexandre St., Montréal* • *(514) 398 96 95* • www.usembassycanada.gov

8 Quand partir

Septembre et octobre offrent les conditions les plus agréables. L'été, le brouillard envahit souvent la ville et les zones côtières, tandis qu'il peut faire très chaud à l'intérieur des terres.

9 Qu'emporter

En général, les San-Franciscains s'habillent avec décontraction. Voyagez plutôt léger. S'il vous manque quelque chose, cela vous donnera une occasion de faire du shopping.

10 Combien de temps rester

Une semaine vous permettra de découvrir la ville. Une semaine supplémentaire vous laissera le loisir d'explorer la côte et le Wine Country.

Offices du tourisme

San Francisco Convention and Visitors Bureau
201 3rd St, CA 94103
• *(415) 974-6900*
• www.sfvisitor.org

San Francisco Visitors Information Center
900 Market St • *plan Q4*
• *(415) 391-2000*

California Welcome Center
Pier 39, 2nd level
• *(415) 956-3493*
• www.gocalif.ca.gov

Mieux vaut réserver avant votre départ des places dans l'un des meilleurs restaurants ou à l'un des spectacles les plus courus.

Gauche **Bus Greyhound** Droite **Train Amtrak**

🔟 Aller à San Francisco

1 San Francisco International Airport

Deux autoroutes relient San Francisco à son aéroport (SFO), situé à 24 km au sud. De nombreux transports publics, des navettes privées, des taxis et des limousines permettent de rejoindre le centre. L'aéroport possède trois terminaux, dont le plus grand terminal international des États-Unis. Des comptoirs de renseignements se trouvent aux deux extrémités du hall principal, au niveau des arrivées, après la douane.
📞 *SFO : (650) 876-7809*
• *www.flysfo.com*

2 Oakland International Airport

À peine plus loin du centre de San Francisco, aisé à rejoindre en transport en commun, l'aéroport d'Oakland présente l'avantage d'être moins fréquenté.
📞 *Oakland International Airport : (510) 577-4000*
• *www.oaklandairport.com*

3 San Jose International Airport

Situé à 80 km au sud de San Francisco, mais à seulement 32 km de Palo Alto, il offre la desserte la plus pratique pour rejoindre Silicon Valley.
📞 *San Jose International Airport : (408) 277-4759*
• *www.sjc.org*

4 Douanes

Toute personne de 21 ans peut importer 1 l d'alcool, 200 cigarettes ou 50 cigares et jusqu'à 100 $ de cadeaux, mais pas de viande, produits végétaux, articles dangereux ou certains médicaments.

5 Consigne

Toutes les aires d'embarquement de l'aéroport de San Francisco abritent des consignes où laisser des bagages jusqu'à 24 heures. Pour une durée plus longue, ou pour déposer des objets plus volumineux, il existe un *luggage storage* dans le passage supérieur entre le terminal sud et le terminal international.

6 Objets trouvés

Chaque aéroport possède son *lost property service*. La municipalité et les services de transports publics ont également des services des objets trouvés.
📞 *SF Property Control : 850 Bryant St ; (415) 553-1377*
• *Muni (415) 923-6168*
• *BART (510) 464-7090.*

7 Greyhound

Les bus Greyhound offrent le moyen le moins cher de voyager aux États-Unis. Le trajet entre San Francisco et Los Angeles (12 liaisons quotidiennes dans les deux sens) dure de 8 à 12 h. 📞 *Transbay Terminal • 425 Mission St*
• *(415) 495-1575 • www. greyhound.com*

8 Amtrak

Pour Bay Area, la gare centrale de la compagnie de chemins de fer nationale se trouve à Oakland. Des bus assurent des navettes gratuites avec San Francisco. Ils s'arrêtent à la gare CalTrain de South of Market et au Ferry Building. Le Coast Starlight relie tous les jours, dans les deux sens, Seattle à Los Angeles. 📞 *Amtrak : 1-00-872-7245 • ww.amtrak.com*

9 Navettes

Les *shuttles* offrent un mode de transport pratique et relativement économique entre la ville et l'aéroport. Certains de ces minibus vous déposent à l'adresse de votre choix. Vous en trouverez au niveau supérieur de SFO. Pour le retour, le plus simple consiste à réserver par téléphone une navette qui viendra vous chercher. 📞 *SFO Airporter : (415) 641-3100 ou (415) 558-8500 ; www.supershuttle.com*
• *Bayporter Express : 1-877-467-1800 ou (415) 467-1800 ; www.bayporter.com*

10 Taxis et limousines

Des taxis attendent au niveau inférieur de SFO. La course coûte en moyenne 40 $. Les limousines doivent être réservées à l'avance.
📞 *Pure Luxury Limousines : (415) 485-1764.*

Gauche **Promenade dans Golden Gate Park** Droite **Bac de la Bay Area**

📸10 Se déplacer à San Francisco

1 Cable cars
En dépit de leur aspect pittoresque, les *cable cars* ne sont pas une simple attraction touristique. En effet, ils se révèlent très pratiques pour circuler dans Downtown et rejoindre Fisherman's Wharf. D'un coût de 2 $ le trajet, ils rendent d'autant plus intéressant l'achat du Citypass (34,75 $), permettant une semaine de libre circulation sur le réseau Muni ou du Muni Passport.

2 Tramways
Les trams du Muni Metro circulent principalement sous Market Street et dans les quartiers occidentaux. Sur la ligne F, des voitures anciennes de différents pays roulent en surface. Le Muni Metro partage certaines stations avec le BART.

3 Autobus
Outre le Citypass, il existe le Muni Passport, donnant droit à emprunter librement les différents véhicules du réseau Muni pendant 1, 3, 7 ou 30 jours. Les bus offrent un moyen relativement rapide, quoique rarement ponctuel, de se déplacer dans l'ensemble de la ville. Chaque arrêt porte les numéros des lignes qui y passent et, normalement, des plans et des horaires. ✆ (415) 673-6864 • ww.sfmuni.com

4 BART
Le réseau ferroviaire du Bay Area Rapid Transit (BART) dessert une grande partie de San Francisco et relie la ville à East Bay. Une extension jusqu'au San Francisco International Airport *(p. 133)* est à l'étude. Les stations se trouvent en sous-sol. ✆ (415) 989-2278 • www.bart.gov

5 CalTrain
Les habitants de la péninsule ayant refusé l'extension du BART, le CalTrain, un train de banlieue confortable, ponctuel et bon marché, est le transport public le plus pratique pour se rendre à Palo Alto *(p. 125)*. ✆ *CalTrain Terminal : 4th St entre Townsend et King* • 1-800-660-4287 • www.caltrain.com

6 Bacs et vedettes
Les bateaux assurant des services réguliers dans la baie permettent d'effectuer des croisières bon marché. Blue and Gold Fleet dessert Alcatraz, Angel Island, et Sausalito depuis le Pier 41, et East Bay et Tiburon depuis le Ferry Building. Golden Gate Transit dessert Sausalito et Larkspur depuis le Ferry Building. ✆ *Blue and Gold Fleet : (415) 773-1188 ; www.blueandgoldfleet.com* • *Golden Gate Transit Ferry Service: (415) 923-2000; www.goldengate.org*

7 Taxis
Malgré les difficultés de stationnement, San Francisco manque de taxis, les licences étant accordées en trop petit nombre. C'est devant un grand hôtel que vous avez le plus de chance d'en arrêter un.

8 Voiture
Louer une voiture ne présente d'intérêt que pour sortir de la ville. À l'intérieur de San Francisco, mieux vaut s'en remettre aux transports en commun. ✆ *American Automobile Association : 150 Van Ness Ave ; (415) 565-2711.*

9 Motocyclette
Dévaler les collines à moto ou à scooter peut se révéler très amusant, tout en constituant un moyen efficace de se déplacer. Les deux-roues sont soumis aux même règles de circulation et de stationnement que les voitures. ✆ *Dubbelju Motorcycle Rentals : 271 Clara St, entre 5th et 6th* • *(415) 495-2774 • www.dubbelju.com*

10 Bicyclette
Découvrir la ville à vélo aura le meilleur effet sur votre santé, mais les pentes nécessitent de bonnes jambes. ✆ *Bicycle Information Line : (415) 585-2453 • Start to Finish Bike Shop: 672 Stanyan St ; (415) 750-4670 ; www.starttofinish.com*

Visites organisées de la ville, de Muir Woods, du Wine Country et de Monterey à partir de 37 $: (415) 434-8687.

Gauche **Instruction de stationnement** Droite **Le pourboire rémunère le service**

TOP 10 À éviter

1 Parler de « Frisco »
Les San-Franciscains ne sont pas seulement fiers de leur ville, mais aussi du saint dont elle porte le nom. Quand ils ne disent pas « San Francisco », ils parlent de « The City ».

2 Imprudences en voiture
Quand vous vous garez le long d'un trottoir, vous devez tourner les roues avant vers la rue dans le sens de la montée, et vers le trottoir dans le sens de la descente. Il ne s'agit pas seulement de prendre des précautions, mais simplement de respecter le code de la route. Si votre voiture n'a pas de boîte automatique, n'hésitez pas à utiliser le frein à main pour vos démarrages en côte. La vitesse maximale autorisée est de 36 km/h. Tous les occupants du véhicule doivent porter la ceinture de sécurité.

3 S'habiller trop léger
Même s'il fait très beau au moment de votre départ, munissez-vous d'une veste ou d'un coupe-vent. L'océan rend le climat très variable.

4 Relations sexuelles non protégées
Les rencontres restent très libres à San Francisco, mais le sida y a fait des milliers de victimes. Pour vous, comme pour les autres, utilisez des préservatifs.

5 Manquer de tolérance
La population de San Francisco et la politique municipale défendent le droit à la différence et à l'égalité. Dénigrer une personne, ou se moquer d'elle, pour son appartenance ethnique, sa couleur de peau, son âge, ses croyances, son sexe, son orientation sexuelle ou un handicap a très peu de chance d'être bien vu.

6 Fumer
Selon la législation californienne, il est interdit de fumer dans un espace public clos… ce qui inclut les bars. Si vous avez absolument besoin d'une cigarette, certains clubs possèdent un patio où le tabac est autorisé. Attention : les hôtels ne louent pas tous des chambres fumeurs.

7 Mendiants et délinquants
San Francisco compte plus d'un sans-abri, et ils sont nombreux à se livrer à la mendicité pour survivre. Dans leur immense majorité, ils se révéleront au pire ennuyeux, mais pas dangereux. Les pickpockets et les voleurs à l'arraché créent une menace plus sérieuse, comme dans toute grande ville fréquentée par des touristes. Les précautions de bon sens habituelles devraient suffire à vous en préserver.

8 Quartiers dangereux
Les quartiers les moins sûrs ne sont pas très dangereux en plein jour, mais mieux vaut les éviter, notamment les parcs, une fois la nuit tombée. Ils sont toutefois très rares en ville, et peu d'entre eux se trouvent dans une zone touristique.

9 Oublier le pourboire
Les pourboires constituent la véritable rémunération des serveurs de restaurants et de débits de boissons. Leur salaire ne représente qu'un dixième du nécessaire pour vivre. On laisse en moyenne 15 % de la note au restaurant (10 % si l'on n'est pas satisfait), 15 % de la course en taxi et 1 $ pour tout service rendu dans un hôtel.

10 Oublier vos papiers d'idendité
Il faut avoir 21 ans pour avoir le droit de boire de l'alcool en Californie, et 18 ans pour acheter des cigarettes. Si votre apparence laisse le moindre doute sur la question, il vous faudra, à coup sûr, présenter une pièce d'identité pour entrer dans un bar ou une boîte.

Vous risquez une amende si vous n'orientez pas correctement les roues avant de votre voiture en vous garant.

Gauche **Muni Passports** Droite **Agence de location**

☺️🔟 San Francisco bon marché

1 Billets d'avion
En ces temps de grande concurrence, chercher le meilleur prix pour un vol devient presque un jeu. Internet offre un moyen pratique de s'y livrer, mais contacter des agences de voyages, ou même directement les compagnies aériennes, permet parfois de faire d'aussi bonnes affaires.

2 Hébergement
Un moyen relativement économique de se loger consiste souvent à prendre un forfait vol-hébergement auprès d'une agence de voyages. Comparez toutefois attentivement les prix. Vous pouvez aussi tenter votre chance sur Internet. Sur place, vérifiez si l'office du tourisme ne distribue pas des carnets de coupons de réduction.

3 Forfaits vol-voiture
Si vous avez déjà prévu des excursions hors de la ville, ou si vous tenez à y conduire, vous obtiendrez probablement un tarif intéressant en réservant une voiture en même temps que votre place dans l'avion.

4 Citypass
Ce forfait *(p. 134)* donne droit, outre à la libre circulation pendant une semaine sur le réseau Muni, y compris les *cable cars*, à une croisière jusqu'à l'île d'Alcatraz et à l'entrée dans des musées comme l'Exploratorium *(p. 94)* et le SFMOMA *(p. 26-29)*.
🔗 www.citypass.com

5 Auberges de jeunesse
Hostelling International gère à San Francisco deux auberges de jeunesse bien situées, accessibles à tous âges. L'une se trouve à Downtown, l'autre entre Fisherman's Wharf et Marina District *(p. 148)*. 🔗 *American Youth Hostels : (415) 863-1444 • www.norcalhostels.org*

6 Manger bon marché
San Francisco renferme de nombreux établissements où se nourrir sans se ruiner. Dans certains des restaurants mexicains de Mission, par exemple, vous pouvez encore vous rassasiez de *burritos* et de *tacos* pour moins de 5 $. En général, les restaurants asiatiques sont également d'un bon rapport qualité-prix.

7 Pique-nique
Tant de parcs aèrent la ville que, aux beaux jours, s'installer sur une pelouse pour déjeuner offre un moyen très agréable de faire une pause au cours d'une journée de visite. Vous trouverez un large choix de produits sains dans les libre-services de la Real Food Company et du California Harvest Ranch Market. 🔗 *Real Food Company : 3939 24th St, 1001 Stanyan St, 2140 Polk St et 3060 Fillmore St • California Harvest Ranch Market : 2285 Market St entre Sanchez et Noe.*

8 Forfaits Muni
Un ticket de bus coûte 1 $ et un trajet en *cable car* revient à 2 $. Les *Muni Passports* de 1, 3, 7 ou 30 jours permettent d'importantes économies *(p. 134)*.

9 Communications
De nombreux services possèdent un numéro d'appel gratuit depuis l'intérieur des États-Unis. Il commence en général par l'indicatif 800, 877, ou 888. Il vaut toujours mieux téléphoner d'une cabine que d'une chambre d'hôtel. La New Main Library et CompUSA proposent un accès gratuit à Internet. 🔗 *New Main Library : 100 Larkin St ; (415) 557-4400 ; www.sfpl.lib.ca.us • CompUSA : 750 Market St ; (415) 391-9778.*

10 Laveries automatiques
De nombreux San-Franciscains vivent en appartement, et il existe des laveries automatiques à presque tous les pâtés de maisons. Mieux vaut ne pas abandonner ses affaires pendant le lavage et le séchage.

Chambres d'hôtels à prix discount : www.san-francisco-hotels.com

Mode d'emploi

Gauche **Place de stationnement réservée** Droite **Tram Muni**

TOP 10 Pour les handicapés

1 Parking gratuit illimité
Peu de villes réservent autant de places aux handicapés. Une bande bleue sur le trottoir, ou un fauteuil roulant stylisé peint en blanc sur fond bleu sur la chaussée, signalent les places de parking réservées aux personnes handicapées. Celles-ci peuvent stationner partout gratuitement, à condition d'apposer sur leur véhicule un macaron *(placard)* disponible auprès du Department of Motor Vehicles.
🖲 *Department of Motor Vehicles • 1377 Fell Street • (800) 777-0133.*

2 Tarifs réduits
Toutes les sociétés de transports en commun de Bay Area, dont BART, Muni, AC Transit et Golden Gate Transit, offrent des tarifs réduits aux handicapés. Des billets spéciaux leur permettent également d'entrer gratuitement, avec toutes les personnes de leur véhicule, dans les parcs nationaux. 🖲 *BART Passes Office • (510) 464-7133.*

3 Accès en fauteuil roulant
Le San Francisco Convention and Visitors Bureau *(p. 132)* publie un guide gratuit recensant les hôtels qui répondent aux directives d'American Disabilities Act. Il reste cependant préférable de téléphoner pour connaître précisément les équipements disponibles. En général, plus l'établissement est récent, mieux il est équipé pour répondre à des besoins particuliers.

4 Bus dotés d'un « kneeler »
Tous les bus urbains ne possèdent pas le système appelé « agenouilleur » qui abaisse l'avant pour permettre de monter en fauteuil roulant. Gratuit, le *Muni Access Guide* permet de profiter au mieux de l'équipement du réseau. Vous pourrez vous le procurer auprès des Muni Accessible Services (voir n° 10).

5 Bateaux et rampes
Partout en ville, des bateaux équipent les trottoirs, au moins aux carrefours. Tous les embarcadères et grands édifices publics, dont les musées, les salles de spectacles, les principaux hôtels et les bâtiments administratifs, possèdent des rampes d'accès.

6 Toilettes publiques
Vous trouverez des toilettes adaptées dans de nombreux immeubles, des hôtels et des restaurants en particulier. Dans la rue, elles prennent la forme de kiosques verts comme, par exemple au Pier 39, au Civic Center et à Castro Street ou Market Street.

7 Independent Living Resource Center
Quel que soit votre handicap ou celui de la personne que vous accompagnez, et qu'il influe sur la mobilité, sur l'ouïe ou sur la vue, cette organisation pourra vous renseigner sur les services spécifiques disponibles à San Francisco.
🖲 *649 Mission St • (415) 543-6222 • www.ilrcsf.org*

8 Braille Institute of San Francisco
Animé par des bénévoles, l'institut Braille vous indiquera des hôtels, des musées et des attractions où les aveugles disposent d'inscriptions en braille.
🖲 *(800) 272-4553.*

9 Crisis Line for the Handicapped
Ce service d'urgences exerce une permanence téléphonique 24h/24.
🖲 *(800) 426-4263.*

10 Muni Accessible Services
Voici le service à contacter pour obtenir des précisions sur les possibilités offertes par les transports publics. C'est également celui qui fournit les cartes de réduction. 🖲 *(415) 923-6142 • www.sfmuni.com*

Gauche **Bureau de change** Droite **Distributeur automatique de billets**

🔟 Banques et communications

1 Change

Le San Francisco International Airport *(p. 133)*, certaines banques de Downtown et les agences American Express et Thomas Cook abritent des bureaux de change. Les taux sont élevés, mieux vaut acquérir des dollars dans votre pays d'origine.

2 Distributeurs automatiques de billets

Les *Automated Teller Machines (ATM)* sont le moyen le plus pratique de se procurer des dollars. Renseignez-vous toutefois avant votre départ sur l'autorisation maximale de retrait prévue par votre banque. Vous risquez une mauvaise surprise si la somme se révèle insuffisante. Compte-tenu du système de commission, il est plus rentable de ne pas multiplier les retraits de petites sommes.

3 Cartes bancaires

Il vous faudra une carte bancaire pour réserver une chambre dans la plupart des hôtels, ou pour louer une voiture. Elle vous permettra aussi de retirer de l'argent dans une banque si vous avez atteint votre seuil maximal de retrait hebdomadaire, ou si la piste magnétique est usée : les États-Unis ne connaissent pas la puce.

4 Chèques de voyage

Ils constituent toujours la forme la plus sûre pour transporter de l'argent. Libellés en dollars, et d'un montant de 10 $ ou 20 $, ils permettent de régler directement des achats ou des services sur présentation du passeport.

5 La monnaie

Les billets valent 1 $, 5 $, 20 $, 50 $ et 100 $. Ils se distinguent par le portrait du père fondateur ou du président qui les décore, mais pas par leur taille ni par leur couleur. Les pièces en circulation valent 1, 5, 10 et 25 cents. Toutes portent un surnom :
« penny » (1 cent),
« nickel » (5 cents),
« dime » (10 cents)
et « quarter » (25 cents).

6 Bureaux de poste

Ils sont ouverts pour la plupart de 9 h à 17 h 30 en semaine et de 9 h à 14 h le samedi. On peut aussi acheter des timbres dans certains hôtels et à des distributeurs automatiques. Une lettre par avion *(airmail)* mettra entre 5 et 10 jours pour atteindre son destinataire en Europe, un colis au tarif le plus bas mettra entre 4 et 5 semaines. La poste principale de San Francisco, située à l'angle de Hyde St et Golden Gate Ave, permet de recevoir du courrier en poste restante.

7 Téléphoner

Chaque ville a son propre indicatif (415 à San Francisco). Pour appeler d'une zone à une autre, il faut composer le 1, puis l'indicatif, puis le numéro du correspondant. Depuis un téléphone public, l'appel coûte au minimum 35 cents. Pour téléphoner à l'étranger, composez le 011, puis l'indicatif du pays (33 pour la France) et le numéro complet sans le 0 initial.

8 Répondeurs téléphoniques

Les serveurs vocaux et les répondeurs téléphoniques sont si répandus aux États-Unis qu'il est devenu presque impossible d'atteindre directement un correspondant. Si vous le pouvez, laissez un numéro où vous rappeler.

9 Internet

De nombreux cafés permettent de se connecter à Internet. Il en coûte généralement 10 $ l'heure. Le même service est gatuit à la New Main Library et à CompUSA *(p. 136)*.

10 Messagerie

La poste assure des livraisons dans les 24 h de grandes villes américaines et étrangères à des prix bien plus avantageux que ceux proposés par des sociétés privées comme FedEx et UPS.

 Il existe des billets de 2 $ et des pièces de 1 $, mais ils sont très rares.

Gauche **Ambulance** Droite **Voiture de police**

TOP 10 Santé et sécurité

1 Tremblements de terre

Un séisme peut survenir à tout moment à San Francisco. Il faut surtout redouter la chute d'objets ou de gravats. En intérieur, postez-vous sous le cadre d'une porte. En voiture ou à pied, gagnez l'espace le plus dégagé possible. N'essayez surtout pas de vous réfugier sous un pont ou un porche.

2 Consulats

En cas de difficulté, juridique notamment, votre consulat pourra vous fournir au moins des conseils.

3 Petite délinquance

Elle existe surtout dans les lieux touristiques

Consulats

Belgique
625 Third St (plan H3)
(415) 536-1970.

Canada
555 Montgomery St
(Suite 1288)
(415) 834-3180.
www.cdnatrade.com

France
540 Bush St (plan N4)
(415) 397-4330.
www.consulfrance-san-
francisco.org

Suisse
456 Montgomery St
(Suite 1500)
(415) 788-2272.

où sévissent des pickpockets. La nuit, évitez les quartiers les plus défavorisés, à moins de savoir exactement où vous allez et de vous déplacer en groupe.

4 911

Le numéro des urgences est accessible gratuitement depuis n'importe quel téléphone. Tenez-vous prêt à fournir les réponses les plus précises possibles sur l'endroit où vous vous trouvez et sur ce qui s'est passé.

5 Sida

L'épidémie reste un réel problème en Californie. Dans tout Bay Area, des services publics tentent d'y faire face, en proposant notamment des tests de dépistage gratuits. La seule protection efficace reste le préservatif. ◎ AIDS-HIV Nightline : (415) 434-2437 (anglais seul.) • California AIDS Foundation Hotline : 1-800-367-2437 ou (415) 863-2437 (multilingue).

6 Assistance téléphonique

◎ SF Rape Treatment Center (en cas de viol) : (415) 821-3222 • Suicide Prevention : (415) 781-0500 • Victims of Crime Resource Center : 1-800-842-8467 • New Leaf (pour les homosexuels, les transexuels, les lesbiennes et les bisexuels) : (415) 626-7000.

7 Police

N'hésitez pas à faire une déposition au poste de police le plus proche si vous êtes victime d'une agression ou d'un vol, ou même si vous avez simplement perdu un objet de valeur ou de l'argent. Il vous faudra une copie du procès-verbal pour obtenir le remboursement par une assurance.

8 Dispensaires

Il existe des clinics partout en ville. ◎ Physician Access Center : 26 California St ; (415) 397-2881 • Wall Medical Group : 2001 Union St ; (415) 447-6800.

9 Hôpitaux

San Francisco possède plusieurs grands hôpitaux dans différents quartiers. ◎ Davies Medical Center : Castro St sur Duboce ; (415) 565-6060 • St Francis Memorial Hospital : 900 Hyde St ; (415) 353-6300 • San Francisco General Hospital : 1001 Potrero Ave ; (415) 206-8111.

10 Frais médicaux

Sauf dans les rares « free clinics », il vous faudra payer tous les soins dont vous bénéficierez, et la question du règlement sera souvent posée avant même que vous les receviez. Si vous disposez d'une assurance médicale, vérifiez qu'elle est bien acceptée.

Avant le départ, étudiez en détail les modalités de remboursement ou de prise en charge de votre assurance.

Gauche **Marché aux peintures, Union Square** Droite **Japan Center**

10 Comment acheter

1 Grands magasins
Les principales enseignes nationales possèdent toutes une succursale dans cette ville attentive à la mode. La plupart se trouvent autour d'Union Square. La qualité du service rend cette forme de shopping très confortable (p. 50-51).

2 Boutiques
Les petits commerces offrent une grande variété dans la sélection des articles proposés. Les griffes internationales du prêt-à-porter de luxe dominent dans les vitrines autour d'Union Square, tandis que les magasins de quartiers plus excentriques comme Hayes Valley (p. 100) permettent de découvrir des talents locaux.

3 Centres commerciaux
Bien que la Crocker Galleria (p. 50) et le San Francisco Shopping Center (p. 51) s'en rapprochent, aucun des centres commerciaux de la ville ne correspond tout à fait au modèle américain habituel. Certaines galeries marchandes, dont The Cannery (p. 12-13), occupent des édifices historiques, d'autres possèdent une architecture particulière comme l'Embarcadero Center (p. 50) et le Japan Center (p. 99).

4 Marché aux puces et boutiques d'articles d'occasion
Le quartier de Bernal Heights abrite l'un des marchés aux puces les plus centraux. Partout en ville, des *thrift shops* vendent des vêtements et des objets d'occasion au bénéfice d'œuvres caritatives. Mission en renferme deux des meilleurs : Goodwill Store et Salvation Army Thrift Store. Ⓢ *Alemany Flea Market : 100 Alemany Blvd sur US 101, Bernal Heights • Goodwill Store : 1580 Mission St • Salvation Army Thrift Store : 1500 Valencia St.*

5 Garage sales et sidewalk sales
Les particuliers utilisent ces deux formes de vente, dans un garage ou sur le trottoir, pour se débarrasser de ce dont ils ne veulent plus, souvent avant un déménagement. Annoncées par des affichettes, elles permettent parfois de faire des affaires intéressantes et ont en général lieu le week-end dans des quartiers résidentiels comme Haight-Ashbury, Castro ou Mission.

6 Marchandage
Vous pourrez tester vos qualités de négociation aux marchés aux puces, à l'occasion d'une *garage sale*, et dans certaines boutiques ethniques.

7 Taxes
Sauf pour les produits alimentaires et les médicaments sur ordonnance, les prix indiqués sur les étiquettes n'incluent pas les taxes dont le montant varie d'un État à l'autre. Il est de 8,5 % à San Francisco. La taxe hôtelière s'élève à 14 %.

8 Épiceries-bazars
Partout en ville, hormis dans les quartiers les plus chic, de petits commerces de proximité, souvent appelés *corner stores* (boutiques d'angle de rue), vendent un assortiment de produits alimentaires, frais entre autres, et de première nécessité. Les prix sont plus élevés que dans un supermarché.

9 Remboursements
La plupart des commerçants reprendront un article, et tous remplaceront ou rembourseront un objet défectueux si vous le rapportez avec une preuve d'achat et l'emballage d'origine.

10 California Attorney General's Office Public Inquiry Unit
Vous pourrez déposer une plainte auprès de ce département si un commerçant ou un fournisseur de service a eu à votre égard un comportement illégal. Ⓢ *1-800-952-5225.*

 Si un problème lié à un achat ne trouve pas de solution, appelez le Better Business Bureau : (415) 243-9999.

Gauche **Insigne d'un hôtel** Centre **Gâteau à la crème glacée** Droite **Soupe et pain au levain**

TOP 10 Manger et se loger

1 Cuisine californienne

Plus de 5 000 restaurants et débits de boisson témoignent de l'importance accordée par les San-Franciscains à la nourriture. Même s'il n'est pas certain que la ville ait donné naissance à la cuisine dite « fusion », elle en est un des hauts lieux. Avec toutes les influences internationales qui s'y croisent, des chefs imaginatifs ne pouvaient manquer de se mettre à associer des ingrédients et des recettes issus de différentes régions du monde, notamment d'Asie et d'Europe.

2 Autres cuisines

La plupart des cuisines nationales sont représentées par au moins un restaurant. On peut ainsi manger non seulement français, russe ou thaïlandais, mais aussi tibétain, érythréen, afghan, kurde et bolivien.

3 Réservations

Pour obtenir une table dans un des établissements gastronomiques les plus réputés, mieux vaut ne pas s'y prendre à la dernière minute. Pour un repas en semaine, un délai d'un jour ou deux suffit dans la plupart des cas, mais quelques tables de Bay Area affichent parfois complet un mois à l'avance.

4 Boissons

Dans les restaurants haut de gamme, un sommelier vous aidera à choisir un cru en accord avec votre repas. Sachez sinon que les vins californiens sont identifiés par cépage et par domaine *(p. 32-33)*. Les amateurs de bière se doivent de goûter la production des brasseries locales *(p. 67)*.

5 Taxes et pourboire

Dans un restaurant, la taxe locale majore votre note de 8,5 %. Vous devez aussi laisser un pourboire d'au moins 15 % *(p. 135)*. Vous pouvez le payer par carte bancaire (en remplissant la case « *gratuity* » sur la note) ou le laisser en liquide sur la table.

6 Choisir son hôtel

Avant de choisir parmi les établissements correspondant à votre budget *(p. 142-149)*, commencez par définir vos envies. Par exemple, désirez-vous principalement vous trouver au cœur de l'action, avoir vue de la baie ou vous imprégner de l'atmosphère d'un quartier particulier ?

7 Classement

Le système de classement par étoiles n'évalue que le niveau d'équipement, comme climatisation, télévision dans la chambre, etc.

8 Réserver à l'hôtel

San Francisco attire de nombreux visiteurs en toutes saisons. Dans toutes les gammes de prix, mieux vaut réserver sa chambre le plus tôt possible. Vous pouvez le faire par téléphone, à condition de disposer d'une carte bancaire en cours de validité. Il vous faudra peut-être confirmer par télécopie.

9 Suppléments et pourboires

Les hôtels de Downtown demandent presque toujours un supplément pour le stationnement. Un forfait pouvant atteindre 1 $ est perçu sur tous les appels téléphoniques depuis la chambre, même vers un numéro gratuit. C'est le pourboire qui, pour l'essentiel, rémunère le service *(p. 135)*.

10 Avec les enfants

La plupart des hôtels permettent que les enfants de moins de 12 ans dorment gratuitement dans la chambre de leurs parents. Certains l'autorisent jusqu'à 18 ans, d'autres exigent un supplément. Les motels situés dans le quartier de Fisherman's Wharf et le long du port de plaisance de Marina District comprennent certains des établissements les plus pratiques pour un séjour en famille. Surtout avec une voiture.

Gauche **Fairmont Hotel** Droite **Inter-Continental Mark Hopkins**

TOP 10 Hôtels à flanc de colline

1 Ritz-Carlton

Le Ritz-Carlton reste une référence dans le domaine du grand luxe. Des chambres irréprochables ménagent des vues splendides, le personnel se montre au plus haut niveau et la cuisine est sublime. 🕲 *600 Stockton St • plan N4 • (415) 296-7465 • www.ritzcarlton.com • AH • $$$$$.*

2 Inter-Continental Mark Hopkins

Le restaurant Top of the Mark offre un panorama de 360° et contribue beaucoup à l'intérêt de l'établissement. Les hôtes bénéficient d'un service sincèrement attentionné et rien ne manque à l'équipement de chambres d'un très grand confort. 🕲 *1 Nob Hill • plan N3 • (415) 392-3434 • www.markhopkins. net • AH • $$$$.*

3 Fairmont

Cette « grande dame » de San Francisco récemment rénovée allie opulence et tradition sur Nob Hill, au croisement des lignes de *cable cars.* 🕲 *950 Mason St • plan N3 • (415) 772-5000 • www.fairmont.com • AH • $$$$.*

4 Renaissance Stanford Court

Près du sommet de Nob Hill, ce palace bien placé pour rejoindre n'importe quelle partie de Downtown possède des chambres dotées, pour certaines, de lits à baldaquin et de salles de bains en marbre. Sa coupole en vitrail donne une grande classe au foyer. 🕲 *905 California St • plan N3 • (415) 989-3500 • www.renaissance hotels.com • $$$$.*

5 Huntington

Au sommet de Nob Hill, en face de Grace Cathedral, le Huntington reste une entreprise familiale et entretient l'esprit du « vieux San Francisco », avec ses chambres spacieuses au décor personnalisé. Il renferme un excellent restaurant et un spa dont la piscine domine la ville. 🕲 *1075 California St • plan N3 • (415) 474-5400 • www.huntingtonhotel. com • $$$$.*

6 Sherman House

Dans le quartier résidentiel de Pacific Heights, ce palace occupe une demeure du tournant du XXe s. déclarée monument historique. Des antiquités meublent les chambres et le personnel se montre d'une réelle amabilité. 🕲 *2160 Green St • plan E2 • (415) 563-3600 • AH • $$$$$.*

7 Hotel Drisco

Ce petit hôtel inauguré en 1903 au cœur de Pacific Heights est d'une élégance peut-être un peu trop discrète, mais on ne peut rien reprocher au service. Il offre des vues splendides. Le prix inclut, entre autres, le petit déjeuner et le quotidien du matin. 🕲 *2901 Pacific Ave • plan E2 • (415) 346-2880 • www.hoteldrisco. com • AH • $$$.*

8 Queen Anne

Rénovée selon le goût de l'époque victorienne, cette demeure de 1890 abrite des chambres personnalisées et meublées d'antiquités. La vue est superbe. Le journal accompagne le petit déjeuner. 🕲 *1590 Sutter sur Octavia • plan F3 • (415) 441-2828 • www. queenanne.com • AH • $$.*

9 Alta Mira

Cet hôtel à l'ancienne donne un large panorama de la ville et de la baie. De nombreuses chambres ouvrent sur un balcon. 🕲 *125 Bulkley Ave, Sausalito • (415) 332-1350 • $.*

10 Claremont Resort

Cette hôtellerie de 1915 récemment modernisée a vue sur le Golden Gate Bridge. Elle a gardé son cachet, mais propose un service affaires et comprend un centre de remise en forme, deux piscines et des courts de tennis. 🕲 *41 Tunnel Rd, Berkeley • (510) 843-3000 • www. claremontresort.com • AH • $$$.*

 Sauf indication contraire, les hôtels acceptent les cartes de paiement et toutes les chambres disposent d'une salle de bains et sont climatisées.

Mode d'emploi

Catégories de prix

Prix par nuit pour	
une chambre double	**$** moins de 100 $
avec petit déjeuner	**$$** 100 $-200 $
(s'il est inclus), taxes	**$$$** 200 $-250 $
et service compris.	**$$$$** 250 $-300 $
	$$$$$ plus de 300 $

Foyer du Hyatt Regency

🔟 Hôtels traditionnels

1 Mandarin Oriental
L'un des hôtels les plus chic de San Francisco occupe les 11 derniers étages du troisième plus haut gratte-ciel de Downtown. Son restaurant compte parmi les meilleurs en ville, et son décor mariant Orient et Occident est magnifique. ◈ 222 Sansome St • plan N5 • (415) 276-9888 • www.mandarinoriental.com • AH • $$$$$.

2 The Pan Pacific
Les 17 étages de cet hôtel moderne conçu avec goût entourent un atrium doté d'un ascenseur vitré. Les 329 chambres possèdent des salles de bains en marbre, certaines dotées de Jacuzzi et toutes équipées d'un deuxième téléviseur. ◈ 500 Post St • plan P3 • (415) 771-8600 • www.panpac.com • AH • $$$$.

3 Palace
Inauguré en 1875, le premier palace de San Francisco a retrouvé toute sa splendeur après une restauration en 1989. Le Garden Court, un somptueux jardin d'hiver, servait à l'origine à l'arrivée des fiacres. Une verrière protège une vaste piscine. Malheureusement, les chambres n'offrent pas de vue. ◈ 2 New Montgomery St • plan P5 • (415) 512-1111 • www.sfpalace.com • AH • $$$.

4 Park Hyatt
Le plus petit et le plus luxueux des quatre Hyatt de la ville se dresse près du front de mer, et certaines chambres donnent vue du Bay Bridge ou de la ville. Le service est personnalisé. ◈ 333 Battery St • plan N5 • (415) 392-1234 • www.hyatt.com • AH • $$$$.

5 Sir Francis Drake
À un pâté de maisons d'Union Square, des portiers chamarrés se tiennent toujours à l'entrée de ce splendide hôtel Art déco, devant lequel circulent les cable cars. La décoration des chambres et des pièces communes est très gaie. ◈ 450 Powell St • plan P4 • (415) 392-7755 • www.sirfrancisdrake.com • AH • $$$.

6 Hotel Nikko
À courte distance du Theater District, de SoMa et du quartier des affaires, cette succursale d'une grande chaîne japonaise possède un décor intérieur high-tech et minimaliste, qui crée une ambiance à la fois apaisante et luxueuse. Cette atmosphère règne également à l'Anzu, un excellent restaurant. Les hôtes bénéficient d'un accès libre à la piscine, au sauna et au centre de remise en forme. ◈ 222 Mason St • plan Q3 • (415) 394-1111 • www.nikkohotels.com • AH • $$$.

7 Hyatt Regency
L'immeuble de 15 étages entoure un atrium qu'agrémentent de longues plantes vertes, une cascade et des ascenseurs vitrés. Essayez le restaurant pivotant sur le toit. ◈ 50 Drumm St • plan N6 • (415) 788-1234 • www.hyatt.com • AH • $$$.

8 Four Seasons
Le voyageur en déplacement d'affaires dispose ici de tout l'équipement utile, y compris deux lignes de téléphone et une liaison Internet haut débit dans la chambre. ◈ 757 Market St • plan P4 • (415) 633-3000 • www.fourseasons.com • AH • $$$$$.

9 Westin St Francis
Cette institution san-franciscaine domine Union Square. Les pièces communes n'ont pas perdu leur classe, mais la médiocrité a gagné le reste. Les chambres des étages supérieurs ménagent toutefois des vues exceptionnelles. ◈ 335 Powell St • plan P4 • (415) 397-7000 • www.westin.com • AH • $$$.

10 Ritz-Carlton Resort
Une vaste demeure sur une falaise offre la retraite idéale où profiter de Bay Area dans un cadre verdoyant, face au Pacifique. ◈ 1 Miramontes Point Rd, Half Moon Bay • (650) 712-7000 • www.ritzcarlton.com • AH • $$$$$.

Gauche **Campton Place** Droite **Clift**

Hôtels-boutiques

1 Campton Place
Ce petit palace compte parmi les meilleurs de San Francisco et s'emploie à faire bénéficier chacun de ses clients d'une attention personnalisée. Le restaurant séduira les plus fins gourmets. ⬡ 340 Stockton St • plan P4 • (415) 781-5555 • www.camptonplace.com • AH • $$$$$.

2 Monaco
Au cœur de Theater District, cet établissement excentrique, mais très confortable, est tenu à la perfection. Le décor de conte de fée allie élégance et sensualité. Le restaurant occupe une salle de bal du tournant du XXe s. et constitue à lui seul une attraction. ⬡ 501 Geary St • plan P3 • (415) 292-0100 • www. monaco-sf.com • AH • $$$.

3 W
Si vous recherchez un hôtel branché à San Francisco, on vous conseillera sans doute le W. Son aménagement joue à la fois de l'opulence et du minimalisme. Des téléphones sans fil et des lecteurs de CD équipent les chambres. À côté du musée d'Art moderne, le bar attire une clientèle à la pointe des évolutions et des modes. ⬡ 181 3rd St • plan Q5 • (415) 777-5300 • www.whotels.com • AH • $$$$.

4 Clift
Remanié par Philippe Starck, le Clift associe « à parts égales, esprit, surréalisme et glamour », selon ses propriétaires. Le décor est constitué de plaisanteries visuelles comme une chaise très, très longue imaginée par nul autre que Salvador Dalí. ⬡ 495 Geary St • plan P3 • (415) 775-4700 • www.ianschragerhotels. com • AH • $$$.

5 Triton
Des vedettes comme Cher et Courtney Love ont fréquenté cet hôtel, sans doute le plus original de San Francisco avec sa location de boas, ses lectures du tarot en soirée et plusieurs suites aménagées par des grands noms du rock, comme Jerry Garcia. Le matériel de gymnastique permet aux clients les plus sportifs d'entretenir leur forme. ⬡ 342 Grant Ave • plan P4 • (415) 394-0500 • www.hoteltriton. com • AH • $$.

6 Rex
Ce petit hôtel de 94 chambres s'est inspiré pour son décor des salons littéraires des années 1920 et 1930. Les hôtes y disposent néanmoins du confort moderne, y compris de leur propre lecteur CD et d'un secrétaire où rédiger leurs œuvres. ⬡ 562 Sutter St • plan P3 • (415) 433-4434 • www.thehotelrex.com • AH • $$$.

7 Maxwell
Cet établissement Art déco, édifié en 1908, cultive l'élégance avec des gravures d'Edward Hopper. Ses clients bénéficient du stationnement gratuit. ⬡ 386 Geary St • plan P3 • (415) 986-2000 • www.maxwellhotel.com • AH • $$.

8 The Inn Above Tide
Le seul hôtel de la baie construit au-dessus de l'eau possède une ambiance sereine. Les balcons des chambres ménagent une vue étonnante. Le Golden Gate Bridge et des bacs permettent de rejoindre la ville. ⬡ 30 El Portal, Sausalito • (415) 332-9535 • www.innabovetide.com • AH • $$$.

9 Mill Valley Inn
Le Mill Valley Inn offre la sophistication d'un hôtel européen dans le cadre rustique d'une forêt de séquoias. ⬡ 165 Throckmorton Ave, Mill Valley • (415) 389-6608 • www.marinhotels.com • $$.

10 Garden Court Hotel
Les chambres rénovées de cet établissement de style espagnol possèdent un balcon donnant sur la cour intérieure. ⬡ 520 Cowper St, Palo Alto • (650) 322-9000 • www.gardencourt.com • AH • $$$.

Sauf indication contraire, les hôtels acceptent les cartes de paiement et toutes les chambres disposent d'une salle de bains et sont climatisées.

The Red Victorian

Catégories de prix

Prix par nuit pour
une chambre double
avec petit déjeuner
(s'il est inclus), taxes
et service compris.

$	moins de 100 $
$$	100 $-200 $
$$$	200 $-250 $
$$$$	250 $-300 $
$$$$$	plus de 300 $

🔟 Bed-and-breakfast et pensions

1 White Swan Inn
Le groupe Joie de
Vivre vient de racheter
ce B&B pittoresque qui,
avec ses papiers peints
fleuris, ressemble à une
auberge de campagne
au cœur de Downtown.
Le prix de la chambre
comprend le mousseux
en fin d'après-midi et
un petit déjeuner anglais.
🕾 845 Bush St • plan N3
• (415) 775-1755 • www.
foursisters.com • PC • $$.

2 Union Street Inn
Les hôtes de cet
hôtel profitent de
l'élégance d'une
demeure du début
du xxe s. Des fleurs
fraîches, des chocolats
et des fruits les
attendent dans les
chambres spacieuses
décorées d'antiquités.
🕾 2229 Union St • plan E2
• (415) 346-0424
• www.unionstreetinn.com
• PC • $$.

**3 Archbishop's
Mansion**
Construit en 1904 pour
l'archevêque de
San Francisco, cet ancien
hôtel particulier réservé
aux non-fumeurs borde
Alamo Square Park.
Gratuits, le petit déjeuner
et le vin et le fromage
servis le soir ajoutent
au plaisir du séjour,
mais le quartier a connu
des jours meilleurs,
et il faut éviter le parc
la nuit. 🕾 1000 Fulton St
• plan F3 • (415) 563-7872
• www.thearchbishopsmansi
on.com • $$.

4 The Red Victorian
Les valeurs des
années hippies y restent
vivantes, et les
propriétaires et les hôtes
font connaissance
autour de la table du
petit déjeuner. Le décor
de chaque chambre obéit
à un thème lié à l'amour,
la paix ou l'écologie.
🕾 1665 Haight St • plan
E4 • (415) 864-1978
•www.redvic.com • PC
• $.

**5 International
Guesthouse**
Non loin de Mission,
dans un quartier
populaire assez
accessible, cette auberge
de jeunesse privée est
installée dans une
jolie maison victorienne
rénovée et décorée avec
goût. Elle est bien
équipée et dispose de
dortoirs et de chambres
doubles. 🕾 2976 23rd St
• plan G5 • (415) 641-1411
• PC • $.

6 Alamo Square Inn
Des demeures
Queen Anne et Tudor
Revival restaurées
avec goût abritent
ce charmant bed-and-
breakfast. Elles dominent
toutes deux l'Alamo
Square. Le petit déjeuner
est servi au soleil (si le
brouillard le permet),
dans la serre. On ne peut
fumer que sur le patio.
Le parking est gratuit.
🕾 719 Scott St • plan E4
• (415) 922-2055 •
www.alamoinn.com • PC
• $.

7 Albion House Inn
Au cœur du quartier
de Hayes Valley, réputé
pour ses boutiques
et ses restaurants, les
9 chambres possèdent
un décor chaleureux.
La Joplin Room, dotée
d'un balcon, doit son
nom à Janis Joplin (p. 55)
qui y séjourna dans les
années 1960. 🕾 135
Gough St • plan F4 • (415)
621-0896 • www.
subtleties.com • $$.

8 Panama Hotel
Ce bed-and-breakfast
accueillant et excentrique,
aux pièces communes
emplies de souvenirs
éclectiques, loue
17 chambres dont les
noms font référence
à des anecdotes.
🕾 4 Bayview St, San Rafael
• (415) 457-3993
• www.panamahotel.com
• PC • $$.

9 Pelican Inn
Un feu brûle tous
les jours dans la grande
cheminée de cet
établissement à flanc
de colline, face à l'océan.
🕾 Muir Beach • (415) 383-
6000 • www.pelicaninn.
com • PC • $$$.

**10 Cliff Crest
B&B Inn**
Près de la promenade
du front de mer, certaines
des chambres de cette
demeure Queen Anne
ont vue sur la baie.
🕾 407 Cliff St, Santa Cruz
• (831) 252-1057 • www.
cliffcrestinn.com • PC • AH
• $$.

Gauche **Hotel del Sol** Droite **Edward II Inn**

🔟 Hôtels de quartier

1 Hotel Del Sol
Au cœur de Marina District, cet établissement décoré de couleurs vives mérite son nom d'« hôtel du soleil ». La gentillesse du personnel et une piscine chauffée en plein air en font un lieu de séjour particulièrement agréable avec des enfants. 🔍 *3100 Webster St • plan E2 • (415) 921-5520 • www. thehoteldelsol.com • PC • $$.*

2 Edward II Inn
Près du port de plaisance, un charmant immeuble construit à l'occasion de la Panama Pacific Exposition de 1915 (p. 37) loue des chambres meublées d'antiquités et garnies de fleurs fraîches. Le prix comprend un petit déjeuner continental. Une annexe abrite des suites (p. 149). 🔍 *3155 Scott St sur Lombard • plan E2 • (415) 922-3000 • www.edwardii. com • AH • $$.*

3 Marina Motel
Dans Marina District, ce motel constitue un havre de paix au sein d'une cour de style méditerranéen, emplie de fleurs et décorée de peintures murales. Il loue des chambres simples et propres, dont certaines sont dotées d'une cuisine. 🔍 *2576 Lombard St • plan E2 • (415) 921-9406 • www.marinamotel. com • $.*

4 Stanyan Park Hotel
Cet immeuble victorien, inscrit au National Register of Historic Places, borde le Golden Gate Park et reçoit des hôtes depuis 1904. Il dispose de 36 chambres et suites au décor d'époque. Le prix comprend le petit déjeuner. 🔍 *750 Stanyan St • plan D4 • (415) 751-1000 • www.stanyanpark. com • PC • AH • $$.*

5 Phoenix Hotel
Le Phoenix reste fidèle au style des années 1950, abrite plus de 250 œuvres d'art et a séduit Johnny Depp, REM et John F. Kennedy Jr malgré la proximité de Tenderloin. Le prix comprend le stationnement et le petit déjeuner. 🔍 *601 Eddy St • plan Q2 • (415) 776-1380 • www.thephoenixhotel. com • AH • $$.*

6 Tuscan Inn
Cet hôtel compte parmi les plus élégants des Best Western et permet de se loger à Fisherman's Wharf. Chaque chambre abrite un mur couvert de miroirs. Au foyer, le café, le thé et les biscuits sont gratuits. En semaine, un service de limousine assure des navettes avec Financial District. 🔍 *425 North Point St • plan K3 • (415) 561-1100 • www.tuscaninn.com • AH • $$.*

7 Seal Rock Inn
Cet établissement, proche de Cliff House, de Land's End (p. 117) et du Palace of the Legion of Honor, loue des chambres spacieuses quoique sans cachet, et possède une piscine chauffée. Le stationnement est gratuit. 🔍 *545 Point Lobos Ave • plan A3 • (415) 752-8000 • $$.*

8 Jackson Court
Dans le quartier de Pacific Heights, cette demeure en grès marron, aux chambres spacieuses et personnalisées, date de 1900. Des boiseries et une grande cheminée créent une ambiance chaleureuse au salon. 🔍 *2198 Jackson St • plan F2 • (415) 929-7670 • www. jacksoncourt.com • $$$.*

9 Twin Peaks Hotel
Austère, mais propre, calme et confortable, le Twin Peaks est proche de Castro, de Hayes Valley et de Mission. 🔍 *2160 Market St • plan F4 • (415) 863-2909 • pas de chambre avec salle de bains • PC • $.*

10 Embassy Hotel
À deux pas du Civic Center, cet hôtel confortable dispose d'environ 80 chambres très spacieuses. Les clients ont également accès à un parking gratuit. 🔍 *610 Polk St • plan F3 • (415) 1-888-81 • www.embassyhostelsf. com • PC • $$.*

Sauf indication contraire, les hôtels acceptent les cartes de paiement et toutes les chambres disposent d'une salle de bains et sont climatisées.

Inn on Castro

Catégories de prix

Prix par nuit pour une chambre double avec petit déjeuner (s'il est inclus), taxes et service compris.

$ moins de 100 $
$$ 100 $-200 $
$$$ 200 $-250 $
$$$$ 250 $-300 $
$$$$$ plus de 300 $

🔟 Hôtels gay et lesbiens

1 Inn on Castro
Le propriétaire très accueillant de ce bed-and-breakfast semble avoir pensé à tout ce qui pourrait rendre aussi agréable que possible un séjour dans Castro District. Il se tient prêt à fournir plans et conseils sur les lieux où aller. Œuvres d'art et plantes décorent des chambres lumineuses et confortables. ✪ 321 Castro St • plan E5 • (415) 861-0321 • www.innon castro2.com • PC • AH • $$.

2 Chateau Tivoli
Dans une splendide demeure victorienne, les chambres et les suites, meublées d'antiquités, portent les noms de célébrités comme Mark Twain et Jack London. Le meilleur goût règne dans les pièces communes. ✪ 1057 Steiner St • plan E3 • (415) 776-5462 • www. chateautivoli.com • PC • $$.

3 Church Street Bed-and-Breakfast
Peinte de couleur vive, la maison date de 1905. Elle ne se trouve qu'à un pâté de maisons de Market Street et de toutes les lignes de tramway. Le prix comprend un généreux petit déjeuner continental. ✪ 325 Church St • plan F4 • (415) 621-7600 • www.churchstbb. com • pas de chambre avec salle de bains • PC • $.

4 Dolores Park Inn
Le choix offert dans cette maison de 1874, de style Italianate Victorian, va de l'alcôve garnie de lits jumeaux jusqu'à la suite de deux chambres donnant sur un patio. Deux salons et la salle à manger occupent le rez-de-chaussée. L'ancienne remise des attelages abrite une grande suite d'une chambre. Elle est dotée d'un jacuzzi, et sa cuisine renferme une machine à laver et un sèche-linge. ✪ 3641 17th St • plan F5 • (415) 621-0482 • $$.

5 Castro Suites
Cette demeure des années 1890 donne vue de Downtown et de la baie. Meubles modernes, œuvres d'art et plantes composent un cadre plaisant. La cuisine abrite un lave-vaisselle, un lave-linge et un four à micro-ondes ✪ 927 14th St • plan E4 • (415) 437-1783 • www.castrosuites.com • PC • AH • $$.

6 Andora Inn
Ce bed-and-breakfast occupe une maison de 1875 dans le quartier de Mission, décrit comme l'un des plus branchés du pays. Les hôtes ont une vidéothèque à leur disposition. ✪ 2434 Mission St • plan F5 • (415) 282-0337 • www.andorainn. citysearch.com • pas de chambre avec salle de bains • PC • $$.

7 The Inn San Francisco
Le petit déjeuner est servi en buffet dans cette charmante maison victorienne. Le jardin abrite un spa en séquoia et la terrasse ménage une vue panoramique. ✪ 943 South Van Ness St • plan F5 • (415) 641-0188 • www.innsf.com • PC • $$.

8 The Parker House
Dans Castro, non loin des nombreux bars et restaurants, ce bed-and-breakfast confortable réunit ses hôtes autour d'un verre de vin en fin d'après-midi. ✪ 520 Church St • plan F5 • (415) 621-3222 • www.parker guesthouse.com • PC • $.

9 Bel Abri
La Provence a inspiré la décoration de cet hôtel. La plupart des chambres abritent une cheminée, et deux d'entre elles possèdent un jacuzzi. ✪ 837 California Blvd, Napa • (707) 253-2100 • www. boutiqueresortsnapa.com • AH • $$.

10 Fern Falls
Désormais associée à Retreat Resort (p. 35), cette propriété de la région de Russian River propose un hébergement original en pleine forêt. ✪ 5701 Austin Creek Rd sur Kramer Rd, Cazadero • (707) 632-6108 • www.fernfalls.com • PC • $$.

➤ *La tolérance règne à San Francisco, et la plupart des hôtels font bon accueil aux homosexuels.*

Gauche **Chelsea Motor Inn** Droite **San Remo**

Hébergements bon marché

1 Coventry Motor Inn

Dans Marina District, ce motel sans prétention et non-fumeur loue des chambres grandes et agréables, dotées de fenêtres en saillie. Comme pour les autres Motor Inn, des promotions sont parfois disponibles sur Internet. ⊗ *1901 Lombard St • plan F2 • (415) 567-1200 • www.coventrymotorinn. com • AH • $.*

2 Beck's Motor Lodge

Ce motel standard des années 1960 occupe une position stratégique pour découvrir les quartiers de Castro, du Lower Haight et de Mission. Simple et sans surprise, il jouit d'un grand calme pour sa situation. Les hôtes disposent sans supplément d'une place de stationnement et de la télévision par câble. ⊗ *2222 Market St • plan F4 • (415) 621-8212 • PC • $.*

3 Chelsea Motor Inn

Dans Marina District, près de Pacific Heights, les chambres, toutes non-fumeur, sont confortables et relativement spacieuses. Elles sont équipées d'une cafetière. Parking et télévision par câble sont compris dans le prix. ⊗ *2095 Lombard St • plan E2 • (415) 563-5600 • www.chelseamotorinn. com • AH • $.*

4 Cow Hollow Motor Inn and Suites

Du papier peint à fleurs et du mobilier traditionnel confèrent une atmosphère intime à des chambres assez grandes. Les tapis renforcent encore cette sensation dans les suites. L'un des étages est non-fumeur. ⊗ *2190 Lombard St • plan E2 • (415) 921-5800 • www.cowhollow motorinn.com • AH • $.*

5 Marina Inn

Dans Marina District, l'immeuble victorien date de 1924. On peut prendre le petit déjeuner dans le salon, et les hôtes se retrouvent l'après-midi pour un sherry après une journée de visite. ⊗ *3110 Octavia St sur Lombard • plan F2 • (415) 928-1000 • www. marinainn.com • PC • AH • $.*

6 San Remo

L'hôtel offrant le meilleur rapport qualité-prix de North Beach existe depuis 1906, et loue des chambres meublées d'antiquités et pour certaines dotées d'un lavabo. Des salles de bains communes équipent chaque palier. Le personnel entretient une tradition d'accueil de longue date. ⊗ *2237 Mason St • plan K3 • (415) 776-8688 • www.sanremo hotel.com • pas de chambre avec salle de bains • PC • $.*

7 Union Square Hostel

En plein cœur de Downtown, cette auberge de jeunesse loue aussi des chambres de deux et trois places. ⊗ *312 Mason St • plan P3 • (415) 788-5604 • www.norcalhostels.org • pas de chambre avec salle de bains • PC • $.*

8 Fisherman's Wharf Hostel

Sur une colline boisée et à courte distance des nombreuses attractions de Bayshore, cette auberge de jeunesse propose un hébergement en dortoirs non mixtes. ⊗ *Fort Mason, Bldg. 240 • plan F1 • (415) 771-7277 • www.norcalhostels.org • AH • $.*

9 Zen City Center

Ce centre d'initiation au bouddhisme selon une tradition japonaise du XIIIe s. possède six chambres disponibles pour de courts séjours. ⊗ *300 Page St • plan F4 • (415) 863-3136 • www. sfzc.org • AH • pas de chambre avec salle de bains • PC • $.*

10 Marin Headlands Hostel

Cette auberge de jeunesse se trouve près de Muir Woods. ⊗ *Fort Barry, Bldg 941, Field Rd et Bunker Rd • (415) 331-2777 • www.norcalhostels.org • pas de chambre avec salle de bains • PC • $.*

Mode d'emploi

Sauf indication contraire, les hôtels acceptent les cartes de paiement et toutes les chambres disposent d'une salle de bains et sont climatisées.

Beresford Manor

Catégories de prix

Prix par nuit pour	
une chambrre double	**$** moins de 100 $
avec petit déjeuner	**$$** 100 $-200 $
(s'il est inclus), taxes	**$$$** 200 $-250 $
et service compris.	**$$$$** 250 $-300 $
	$$$$$ plus de 300 $

🔟 Appartements et résidences

1 Beresford Manor
Près d'Union Square, cet hôtel spécialisé dans les longs séjours, pour les étudiants notamment, propose des tarifs à la semaine et au mois. ◈ 8 Sutter St • plan P2 • (415) 673-3330 • AH • PC • $.

2 Executive Suites
Pour des séjours d'au moins 30 jours, cette société loue des appartements modernes et meublés, tous équipés d'une cuisine, dans plusieurs quartiers de la ville. Les clients jouissent à la fois de l'intimité d'un domicile et du confort offert par un hôtel. Les prestations incluses dans le prix comprennent les appels téléphoniques locaux, la télévision par câble et l'entretien par une femme de chambre. ◈ 1388 Sutter St • plan P1 • (415) 776-5151 • www.executivesuites-sf.com • AH • $.

3 Grosvenor House
Cet hôtel de Nob Hill ne possède que des suites rénovées aux cuisines entièrement équipées. Des femmes de chambre assurent un entretien quotidien, l'accueil reste disponible la nuit et les prestations comprennent la télévision par câble et le nettoyage à sec (pour un faible supplément). ◈ 899 Pine St • plan N3 • (415) 421-1899 • AH • $$.

4 Apartment Suites San Francisco
Près du port de plaisance, les suites de l'Edward II Inn (p. 146) se trouvent de l'autre côté de la rue. Toutes sont ornées d'un mobilier soigné et certaines possèdent des bains à remous. ◈ 3151 Scott St sur Lombard • plan E2 • (415) 922-3000 • www.apartmentsuitessf.com • PC • AH • $$.

5 The Harcourt
Bon marché et bien situé pour explorer Downtown, le Harcourt loue des chambres reliées par téléphone à un standard ouvert 24h/24. L'entretien est assuré une fois par semaine. Les hôtes disposent, entre autres, d'une laverie automatique et de salles de télévison. ◈ 1105 Larkin St • plan P2 • (415) 673-7721 • www.harcourthotel.net • PC • AH • $.

6 San Francisco Residence Club
Franchir la porte de cette résidence située à Nob Hill donne l'impression d'effectuer un voyage dans le temps. Certaines chambres disposent d'une cheminée. Le prix comprend le petit déjeuner et un dîner de 3 plats. ◈ 851 California St • plan N3 • (415) 421-2220 • www.sfresclub.com • PC • $.

7 The Monroe Hotel
Pour un séjour d'au moins une semaine, cette demeure victorienne (1906) de Pacific Heights offre à la fois les avantages d'un hôtel et d'une résidence privée. Le prix comprend le service en chambre, un petit déjeuner américain et un dîner de 4 plats. ◈ 1870 Sacramento St • plan N1 • (415) 474-6200 • www.monroeresidenceclub.com • PC • AH • $.

8 Bed & Breakfast San Francisco
Soigneusement sélectionnées, les résidences privées affiliées permettent de se loger dans tous les quartiers intéressants, dont Pacific Heights et Marina District. ◈ 1-800-452-8249 ou (415) 899-0060 • www.bbsf.com • $-$$, selon la localisation.

9 Home Exchange Inc.
Ce service permet les échanges de domiciles, pour de courtes ou de longues périodes. Mieux vaut s'y prendre à l'avance. ◈ 1-800-877-8723 ou (310) 798-3864 • www.homeexchange.com

10 The Invented City
Ce service d'échange existe depuis 1991. Il possède des adhérents dans le monde entier. ◈ 41 Sutter St • (415) 252-1141 • www.invented-city.com

Index général

Remerciements

Auteur
Né à San Francisco, Jeffrey Kennedy vit désormais principalement en Italie et en Espagne. Diplômé de Stanford University, il partage son temps entre la production, l'écriture et le métier d'acteur. Il a aussi participé à l'élaboration du *Top 10 Rome*.

Produit par Sargasso Media Ltd, Londres

Direction éditoriale Zoë Ross
Direction artistique Janis Utton
Iconographie Helen Stallion
Correction Stewart J Wild
Index Hilary Bird
Collaboration éditoriale Tracy Becker
Photographie Robert Vente
Photographies d'appoint Neil Lukas, Andrew McKinney, Trevor Hill
Illustration chrisorr.com

CHEZ DORLING KINDERSLEY
Responsable éditorial Ian Midson
Éditeur Douglas Amrine
Édition Ros Walford
Assistance éditoriale Sherry Collins
Cartographie Casper Morris
Informatique éditoriale Jason Little
Production Melanie Dowland
Photothèque David Saldanha
Cartes et plans DK India : Direction Aruna Ghose Cartographie Uma Bhattacharya Recherche catographique Suresh Kumar

Remerciements particuliers
L'auteur remercie les personnes suivantes pour leur aide : Patricia Perez-Arce et Ed, Bruce et Celeste Joki, Margaret Casey et Mark Trahan, Robert Vente, Angela Jackson, Sandy Barnes, Harriet et Rick Lehrbaum, Paul Brown, Phyllis Butler, Nini Dibble, Jolie Chain, Helen Craddick, Vivian Deuschl, Marr Goodrum, et Isabelle Lejano.

Crédits photographiques
h = en haut ; hg = en haut à gauche ; hgc = en haut à gauche au centre ; hc = en haut au centre ; hd = en haut à droite ; cgh = au centre à gauche en haut ; ch = au centre en haut ; cdh = au centre à droite en haut ; cg = au centre à gauche ; c = au centre ; cd = au centre à droite ; cgb au centre à gauche en bas ; cb = au centre en bas ; cdb = au centre à droite en bas ; bg = en bas à gauche ; b = en bas ; bc = en bas au centre ; bcg = en bas au centre à gauche ; bd = en bas à droite ; d = détail.

Malgré tout le soin que nous avons apporté à dresser la liste des photographies publiées dans ce guide, nous demandons à ceux qui auraient été involontairement omis de bien vouloir nous en excuser. Cette erreur serait corrigée à la prochaine édition de l'ouvrage.

L'éditeur exprime sa reconnaissance aux particuliers, sociétés et photothèques qui ont autorisé la reproduction de leurs photographies :

CABLE CAR MUSEUM : 11b ; Ed Archie NoiseCat, *Baby Frog, 2001*, verre soufflé, 11 x 10 3/4 x 8 inches/MUSEUM OF CRAFT AND FOLK ART/ LEE FATHERREE : 42b

BANCROFT LIBRARY/ BERKELEY UNIVERSITY : 36hd, JAN BUTCHOFSKY-HOUSER/HOUSERSTOCK : 18h

CALIFORNIA ACADEMY OF SCIENCE : 22hg, 22hd, 22b, 23b ; *California Artist, 1982* © ROBERT ARNESON/VAGA, New York et DACS, Londres, 2002 : 27h ; CAMPTON PLACE HOTEL : 114hg ; THE CLIFT HOTEL/IAN SCHRAGER HOTELS/NIKOLAS KOERNO : 114hd ; CORBIS : 1, 4-5, 8cg, 9, 10b, 12-13, 14-15, 16hg, 16b, 17c, 17b, 27c, 34h, 36hg, 37hd, 37bd, 39, 40hd, 52hg, 52hd, 54hg, 54hd, 54b, 55d, 52hd, 76hd, 78hg, 78hd, 79h, 80-81, 86-87, 102-103, 118-119, 130-131 ; par autorisation des FINE ARTS MUSEUMS OF SAN FRANCISCO : 114hg ; par autorisation de l'OAKLAND MUSEUM OF CALIFORNIA : 26hc, 126hd ; DAVE G HOUSER/HOUSERSTOCK : 5cd, 18-19, 75hg

RONALD MARTINEZ/GETTY IMAGES : 73d ; TERRENCE MCCARTHY : 56b ; MGM/RONALD GRANT ARCHIVE : 53hd ; *Michael Jackson and Bubbles, 1988* par Jeff Koons/collection du San Francisco Museum of Modern Art ; SEAN MORIARTY : 74hd

PARAMOUNT PICTURES/ RONALD GRANT ARCHIVE : 16hd

REDFERNS/DAVID REDFERN : 54hc ; REX FEATURES 37cg, 53hg

SAN FRANCISCO ZOO/ JASON LANGER : 114c

ROBERT VENTE : 20b, 32c, 32b, 33h 34hd 35h, 61d, 72b, 74hg, 148hg, 149

WARNER BROS/RONALD GRANT ARCHIVE : 53bd ; JERRY YULSMAN : 52b.

Première de couverture : ALAMY.COM : J. Lawrence image principale ; CORBIS : Charles O'Rear bg ; DK PICTURE LIBRARY : Neil Lukas hc ; ANDREW MCKINNEY cgh, cgb.

Quatrième de couverture : DK PICTURE LIBRARY : Neil Lukas hg, hd ; ANDREW MCKINNEY hc.

Toutes les autres illustrations : © Dorling Kindersley. Pour de plus amples informations, consulter www.dkimages.com

Index des principales rues